学校図書館

お話・文学
間違い探し
素材集

CD-ROM付き

少年写真新聞社

目次

お話編 ohanashi

「運命《うんめい》にみちびかれて」 unmei

「勇気《ゆうき》を出《だ》してやっつけろ！」 yuki

「ちえ者《しゃ》ときょうくん」 chiesya

「いい人《ひと》にはいいことが」 iihito

「ちょっとこわいよ」 kowai

※ は、CD−ROMに収録されているデータのファイル名を示しています。

文学編 bungaku

「ユーモアと皮肉」 humor

「知恵と勇気」 chie

「不思議な世界」 fushigi

「歴史大好き」 rekishi

「love命」 love

本書について

１ページにつき、ひとつの物語の「間違い探しのイラスト」や「お話カード」などの素材を載せています。それらのデータは、付属のCD-ROMに収録されています。

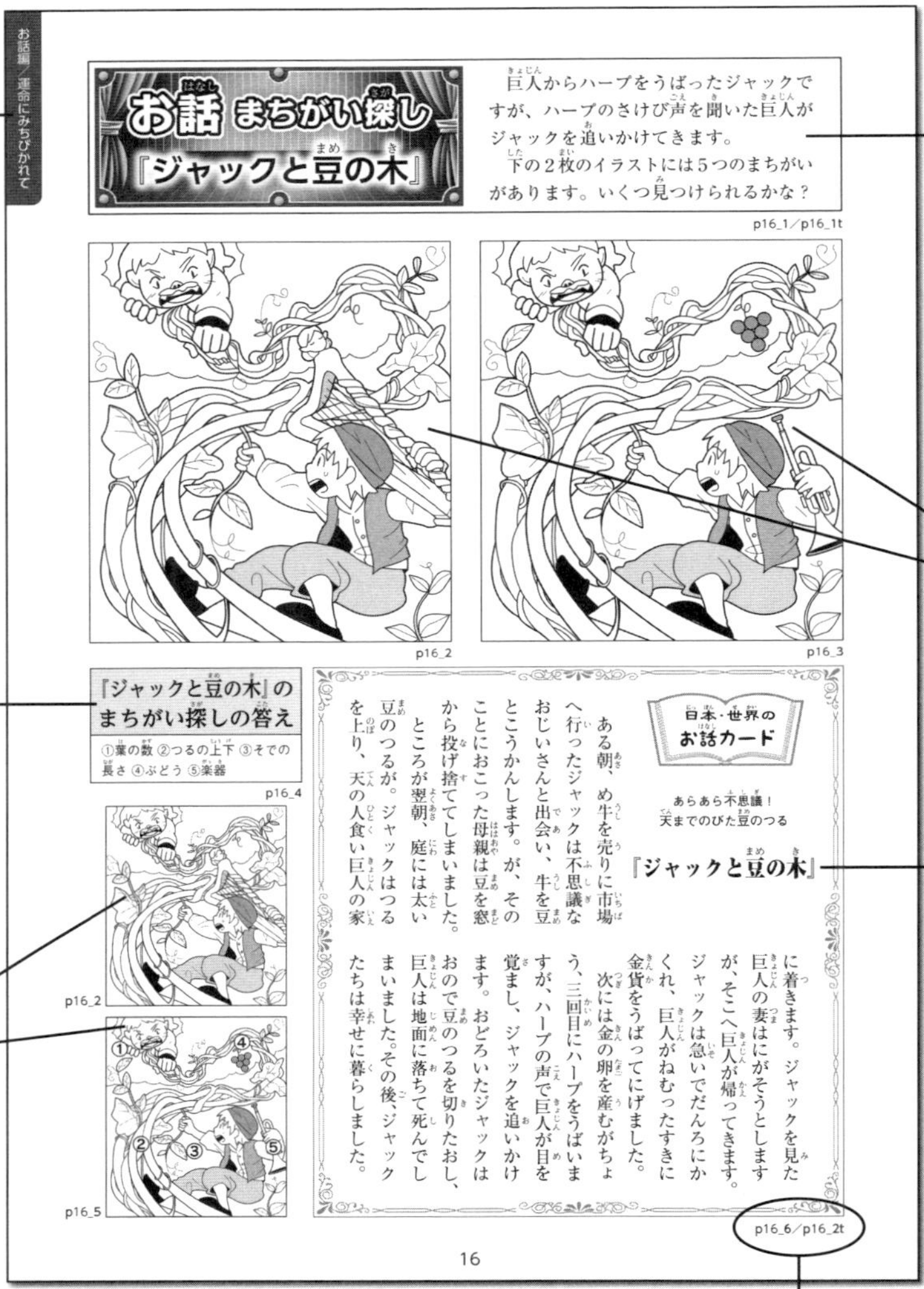
お話編／運命にみちびかれて

お話《はなし》 まちがい探《さが》し
『ジャックと豆《まめ》の木《き》』

巨人《きょじん》からハープをうばったジャックですが、ハープのさけび声《こえ》を聞《き》いた巨人《きょじん》がジャックを追《お》いかけてきます。
下《した》の２枚《まい》のイラストには５つのまちがいがあります。いくつ見《み》つけられるかな？

p16_1／p16_1t

p16_2

p16_3

『ジャックと豆《まめ》の木《き》』のまちがい探《さが》しの答《こた》え

①葉《は》の数《かず》 ②つるの上下《じょうげ》 ③そでの長《なが》さ ④ぶどう ⑤楽器《がっき》

p16_4

p16_2

p16_5

日本《にっぽん》・世界《せかい》のお話《はなし》カード

あらあら不思議《ふしぎ》！
天《てん》までのびた豆《まめ》のつる

『ジャックと豆《まめ》の木《き》』

ある朝《あさ》、め牛《うし》を売《う》りに市場《いちば》へ行《い》ったジャックは不思議《ふしぎ》なおじいさんと出会《であ》い、牛《うし》を豆《まめ》とこうかんします。が、そのことにおこった母親《ははおや》は豆《まめ》を窓《まど》から投《な》げ捨《す》ててしまいました。

ところが翌朝《よくあさ》、庭《にわ》には太《ふと》い豆《まめ》のつるが。ジャックはつるを上《のぼ》り、天《てん》の人食《ひとく》い巨人《きょじん》の家《いえ》に着《つ》きます。ジャックを見《み》た巨人《きょじん》の妻《つま》はにがそうとしますが、そこへ巨人《きょじん》が帰《かえ》ってきます。ジャックは急《いそ》いでだんろにかくれ、巨人《きょじん》がねむったすきに金貨《きんか》をうばってにげました。

次《つぎ》には金《きん》の卵《たまご》を産《う》むがちょう、三回目《かいめ》にハープをうばいますが、ハープの声《こえ》で巨人《きょじん》が目《め》を覚《さ》まし、ジャックを追《お》いかけます。おどろいたジャックはおので豆《まめ》のつるを切《き》りたおし、巨人《きょじん》は地面《じめん》に落《お》ちて死《し》んでしまいました。その後《ご》、ジャックたちは幸《しあわ》せに暮《く》らしました。

p16_6／p16_2t

16

「お話編」、「文学編」とテーマを表示しています。

物語のタイトル、間違い探しのイラストの解説です。

物語の中の一場面を表した「間違い探しのイラスト」。

間違い探しの答えです。

お話編では、あらすじを書いた「お話カード」、文学編では、作品の概要や著者紹介などの「文学カード」を掲載しています。

間違い探しの答えを示すイラストです。

CD-ROMに収録されているデータ名です。

（例） p16_6 画像データ（p16_6.jpg） ／ p16_2t テキストデータ（p16_2t.txt）

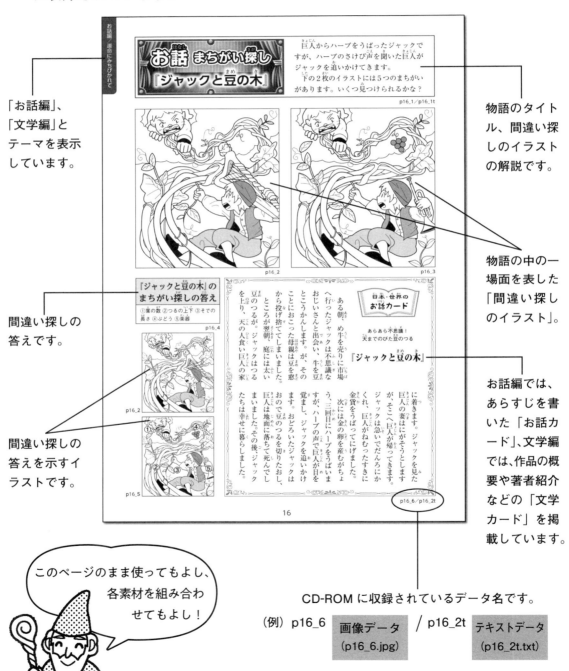

このページのまま使ってもよし、各素材を組み合わせてもよし！

本書の構成

本書は大きく「**お話編**」、「**文学編**」にわかれています。さらにテーマ別になっていて、どんな物語なのかをイメージすることができます。

お話編 小学校におすすめ（児童におなじみの日本や世界の昔話、説話を収録）

- 「**運命にみちびかれて**」不思議な縁によって話が展開していく物語
- 「**勇気を出してやっつけろ！**」悪者退治の物語
- 「**ちえ者ときょうくん**」知恵者による機転が利いた物語
- 「**いい人にはいいことが**」心根のよい人が得をする物語
- 「**ちょっとこわいよ**」少し怖さを感じさせる物語

文学編 中学校・高校におすすめ（有名な日本や世界の文学作品を収録）

- 「**ユーモアと皮肉**」ちょっと笑いを感じさせる物語
- 「**知恵と勇気**」冒険の世界を楽しめる物語
- 「**不思議な世界**」幻想的でちょっと怖い物語
- 「**歴史大好き**」実際の歴史と関わりがある物語
- 「**love命**」男女の愛の物語

※巻末には、お話編、文学編別の索引があります。お話編は登場人(動)物、季節で、文学編は登場人物、舞台、季節、著者で物語を探すことができます。

アナログ派も デジタル派も

物語のページをコピーしたり、CD-ROMのデータをダウンロードしたりして、自由にたよりなどを作成することができます。

〈アナログ派〉

好きな大きさにコピーして、切り貼りします。

〈デジタル派〉

付属のCD-ROMから使用する素材のデータを取り出して、配置します。

学校図書館活動におすすめ！　活用例

取り上げた物語の本を図書館に展示したり、貸し出しをすすめたりしましょう。

その１「図書館だより」の定番コーナーに！

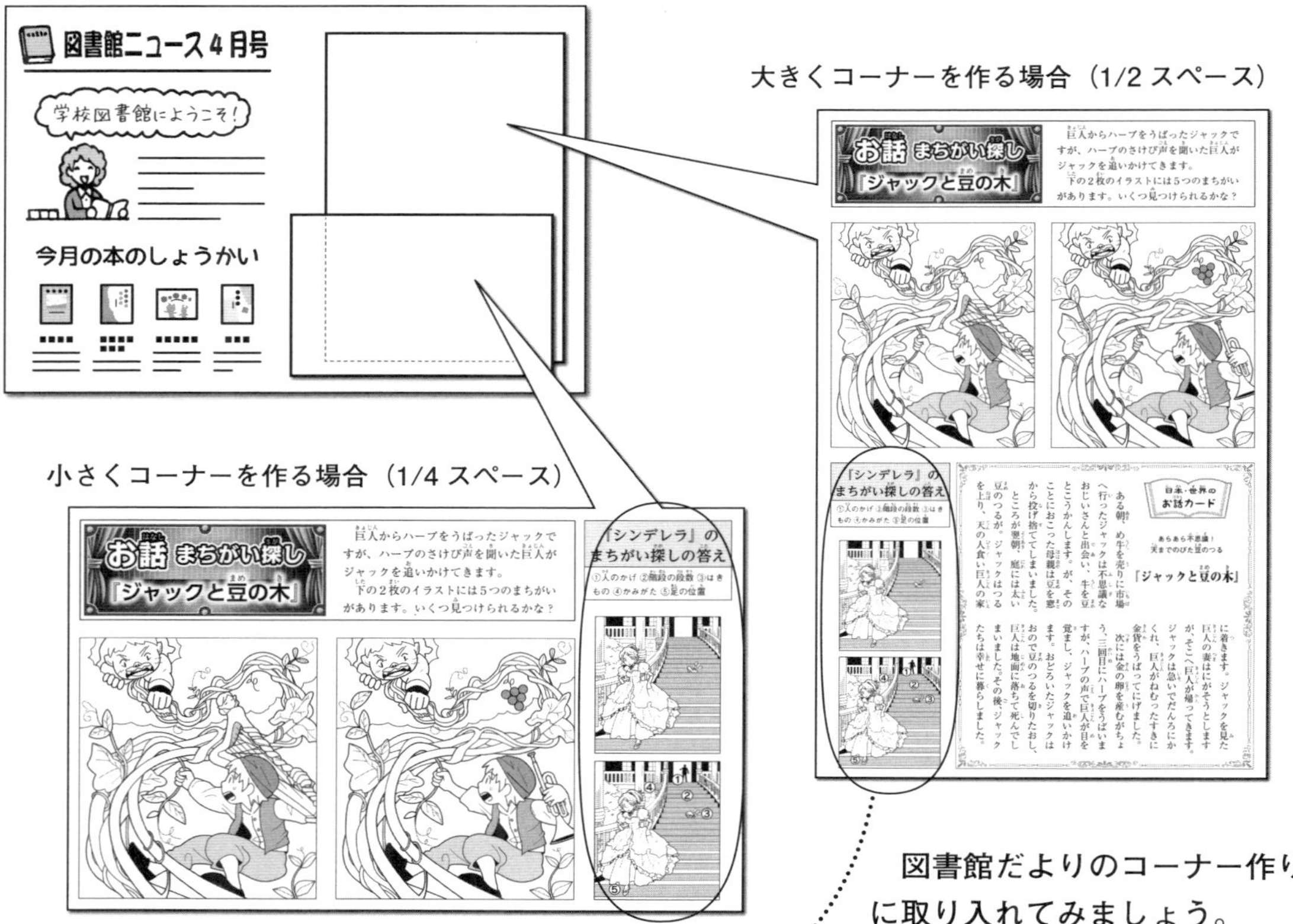

前回のたよりに載せた間違い探しの答え

図書館だよりのコーナー作りに取り入れてみましょう。
答えを来月のたよりに載せて、続き物にすることができます。

【季節ごとのおすすめもあります】

春　ぶんぶく茶がま（p.42）、桜の森の満開の下（p.73）、二十四の瞳（p.82）、はつ恋（p.92）など

夏　うらしまたろう（p.13）、さるのきも（p.30）、したきりすずめ（p.40）、のっぺらぼう（p.48）、耳なし芳一（p.50）、風立ちぬ（p.88）など

秋　かぐやひめ（p.14）、みにくいあひるの子（p.18）、菊花の約《ちぎり》（p.70）、震災日記より（p.79）など

冬　青い鳥（p.12）、十二支のはじまり（p.31）、かさじぞう（p.36）、ゆきおんな（p.51）、賢者の贈り物（p.56）、クリスマス・キャロル（p.72）など

その2 読書指導のプリント作りに！

読書の導入などにも素材を活用してみましょう。例えば、イラストを使って視覚的に物語のイメージを伝えたり、「お話カード」や「文学カード」で話の概要を伝えたりすることができます。

読書カード、レイアウト例

その3 ポスターにしてイベントに活用！

素材を大きくプリントアウトして、ポスターのように使うこともできます。文化祭や芸術発表会などのイベントにいかがでしょう。例えば、学校図書館に問題を掲示して、答えをほかの場所に貼れば校内探検にも使えます。

CD-ROMの構成

付属のCD-ROMには、p.12からの画像、テキストが項目ごとに収められています。まず、お話編「ohanashi」、文学編「bungaku」のフォルダがあり、それぞれに５つの項目のフォルダがあります。１項目あたり８ページ分の物語のデータが収録されています。

◆ お話編

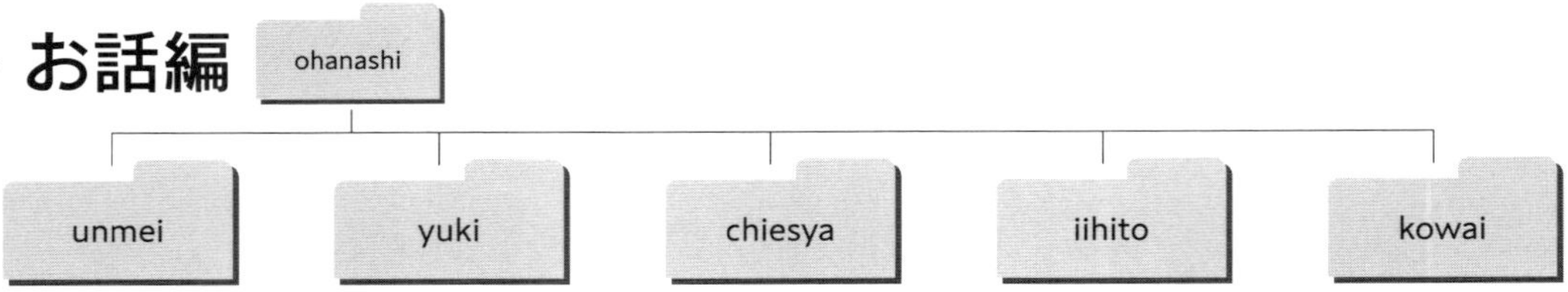

◆ 文学編

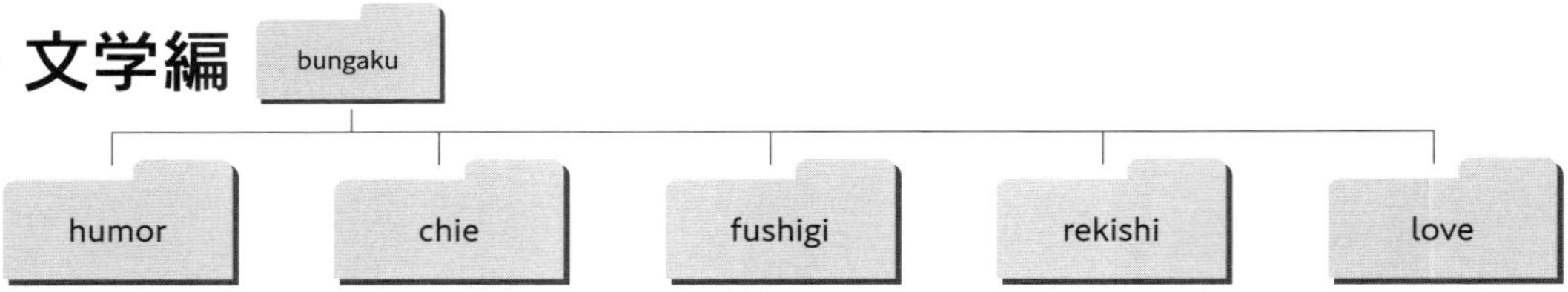

各ページのフォルダをクリックすると、６つの画像ファイルと２つのテキストファイルが収められています。例えば、お話編「運命に導かれて」のフォルダ「unmei」の中の、p.12青い鳥を見てみましょう。

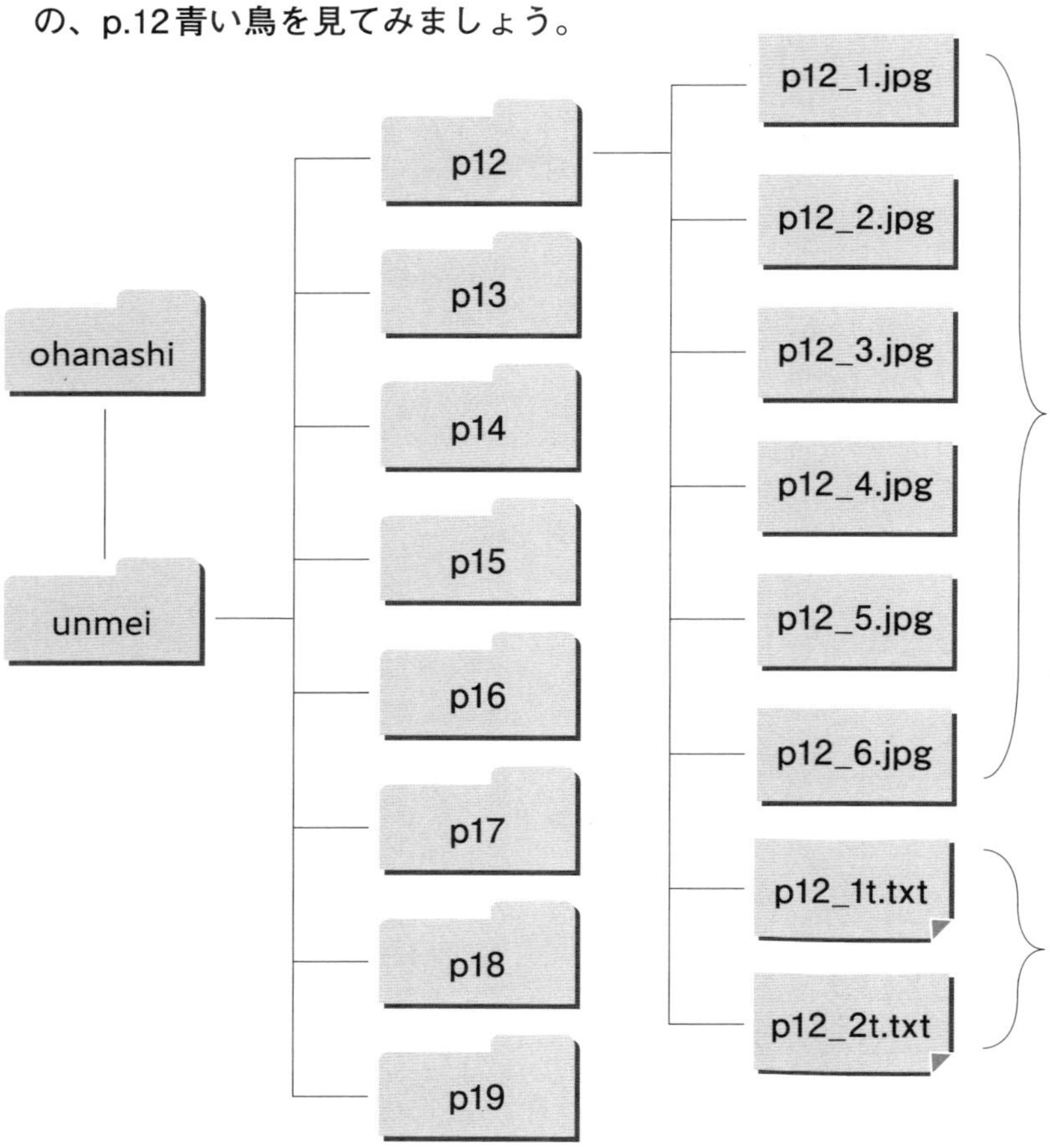

●画像は全てJPEGデータで収められています。

●文例がtextデータで収められています。

※textデータのファイル名の末尾には「t」がついています。

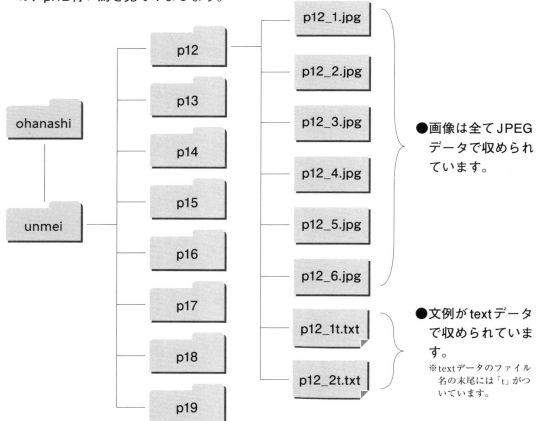

画像の使い方

画像ファイルの例

p12_2.jpg

(before)

p12_3.jpg

(after)

●間違い探しには、2枚の画像を並べてお使いください。

●いずれの画像ファイルも、拡大印刷してご使用の場合、A3サイズくらいまで拡大できます。

テキストの使い方

テキストファイルを開くと、以下のようになっています。

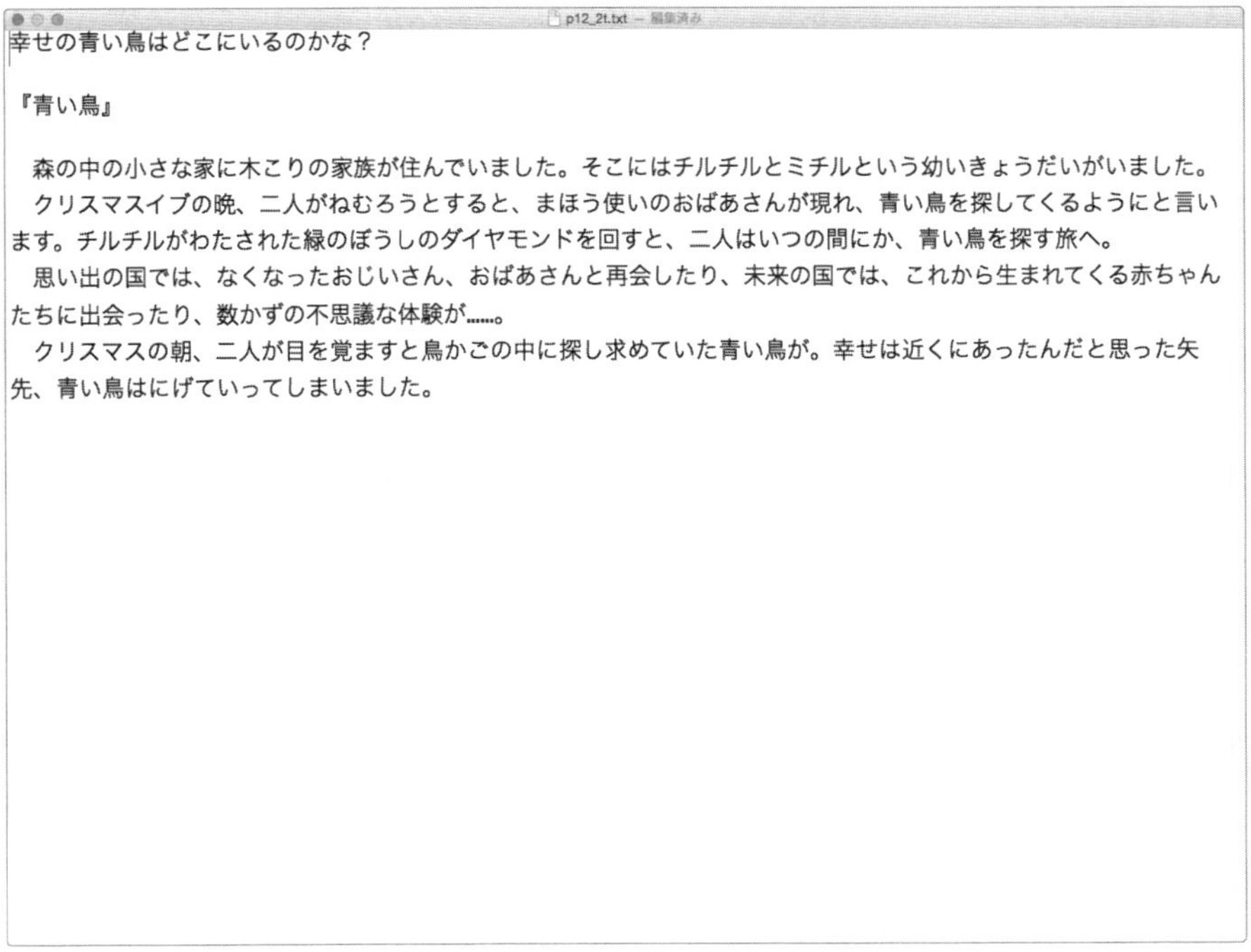

p12_2t.txt — 編集済み

幸せの青い鳥はどこにいるのかな？

『青い鳥』

　森の中の小さな家に木こりの家族が住んでいました。そこにはチルチルとミチルという幼いきょうだいがいました。
　クリスマスイブの晩、二人がねむろうとすると、まほう使いのおばあさんが現れ、青い鳥を探してくるようにと言います。チルチルがわたされた緑のぼうしのダイヤモンドを回すと、二人はいつの間にか、青い鳥を探す旅へ。
　思い出の国では、なくなったおじいさん、おばあさんと再会したり、未来の国では、これから生まれてくる赤ちゃんたちに出会ったり、数かずの不思議な体験が……。
　クリスマスの朝、二人が目を覚ますと鳥かごの中に探し求めていた青い鳥が。幸せは近くにあったんだと思った矢先、青い鳥はにげていってしまいました。

●コピー&ペーストしてお使いいただけます。

●テキストデータでは、漢字に振りがなはふっていませんので、ご使用のソフトウエアの機能をお使いいただくか、漢字のあとに読みを(　)で表記していただくことをおすすめいたします。

CD-ROM使用上の注意

【付属のCD-ROMを使用して「たより」などの印刷物を作るには、以下の環境が必要です】

・CD-ROMが読み込めるパソコン環境

・テキストデータ（.txtデータ）をコピーペーストし、編集加工できる文書作成ソフト（Word、一太郎など）がインストールされているパソコン

・JPEG形式の画像データを配置できる文書作成ソフトがインストールされているパソコン

【著作権につきまして】

・付属のCD-ROMに収録されている全てのデータの著作権は、株式会社少年写真新聞社に帰属します。

・CD-ROM収録のデータは、学校内での回覧や掲示、児童生徒・保護者向けのプリントに使用する目的であれば、自由にお使いいただけますが、商業的な利用はできません。

・データをコピーして配布すること、ネットワーク上にそのままダウンロード可能な状態で置くことはできません。

・公共図書館等では、CD-ROMの館内閲覧、および書籍の貸出は可能ですが、CD-ROMを貸し出すことはできません。

・本書に収録されたデータを使った図書館だよりを、そのままHPにのせたり、たよりとしてであればダウンロードできる状態で掲載したりすることは問題ありません。ただし、PDFファイルにするなど、主に画像が単体で取り出せない形にしていただきますよう、お願いいたします。

【ご使用にあたって】

・付属のCD-ROMはパソコン専用です。音楽用CDプレーヤー、DVDプレーヤー、ゲーム機等で使用しますと、機器に故障が発生する恐れがあります。絶対に使用しないでください。

・CD-ROMの利用に伴うソフトウエア、ハードウエアのトラブル等については、弊社は一切責任を負いません。

・CD-ROM製造過程での欠陥に関しましてはお取り替えいたします。

お話編

お話《はなし》 まちがい探《さが》し 『青《あお》い鳥《とり》』

　幸《しあわ》せの青《あお》い鳥《とり》を探《さが》して、チルチルとミチルはぼうけんの旅《たび》へでかけます。青《あお》い鳥《とり》はどこにいるのでしょうか？

　下《した》の２枚《まい》のイラストには５つのまちがいがあります。いくつ見《み》つけられるかな？

p12_1／p12_1t

p12_2

p12_3

『青《あお》い鳥《とり》』の まちがい探《さが》しの答《こた》え

①木の口《くち》 ②鳥《とり》の位置《いち》 ③スカートのもよう ④手《て》 ⑤鳥《とり》かご

p12_4

p12_2

p12_5

日本《にっぽん》・世界《せかい》の お話《はなし》カード

幸《しあわ》せの青《あお》い鳥《とり》は どこにいるのかな？

『青《あお》い鳥《とり》』

　森《もり》の中《なか》の小《ちい》さな家《いえ》に木《き》こりの家族《かぞく》が住《す》んでいました。そこにはチルチルとミチルという幼《おさな》いきょうだいがいました。

　クリスマスイブの晩《ばん》、二人《ふたり》がねむろうとすると、まほう使《つか》いのおばあさんが現《あらわ》れ、青《あお》い鳥《とり》を探《さが》してくるようにと言《い》います。チルチルがわたされた緑《みどり》のぼうしのダイヤモンドを回《まわ》すと、二人《ふたり》はいつの間《ま》にか、青《あお》い鳥《とり》を探《さが》す旅《たび》へ。

　思《おも》い出《で》の国《くに》では、なくなったおじいさん、おばあさんと再会《さいかい》したり、未来《みらい》の国《くに》では、これから生《う》まれてくる赤《あか》ちゃんたちに出会《であ》ったり、数《かず》かずの不思議《ふしぎ》な体験《たいけん》が……。

　クリスマスの朝《あさ》、二人《ふたり》が目《め》を覚《さ》ますと鳥《とり》かごの中《なか》に探《さが》し求《もと》めていた青《あお》い鳥《とり》が。幸《しあわ》せは近《ちか》くにあったんだと思《おも》った矢《や》先《さき》、青《あお》い鳥《とり》はにげていってしまいました。

p12_6／p12_2t

お話《はなし》 まちがい探《さが》し 『うらしまたろう』

うらしまたろうを背中《せなか》に乗《の》せて、かめは海《うみ》のおくへもぐっていきます。すると向《む》こうに美《うつく》しいごてんが見《み》えてきました。

下《した》の２枚《まい》のイラストには５つのまちがいがあります。いくつ見《み》つけられるかな？

p13_1／p13_1t

p13_2

p13_3

『うらしまたろう』のまちがい探《さが》しの答《こた》え

①魚《さかな》の目《め》 ②びく ③かめの足《あし》 ④ワカメ ⑤おとひめのかみ

p13_4

p13_2

p13_5

日本《にっぽん》・世界《せかい》のお話《はなし》カード

かめを助《たす》けて
りゅうぐうへ

『うらしまたろう』

昔《むかし》むかし、海辺《うみべ》の村《むら》にうらしまたろうという若者《わかもの》が住《す》んでいました。ある日《ひ》、たろうは、はま辺《べ》で子《こ》どもたちがいじめていたかめを助《たす》けてあげました。すると次《つぎ》の日《ひ》、助《たす》けたかめが現《あらわ》れ、お礼《れい》にと、海《うみ》のおくにあるりゅうぐうへたろうを連《つ》れていきました。

そこには、美《うつく》しいおとひめがいて、毎日《まいにち》おいしい酒《さけ》や料《りょう》理《り》、楽《たの》しい音楽《おんがく》やおどりでもてなしてくれました。どのくらいの月日《つきひ》がたったのでしょう？　たろうはみやげに玉手《たまて》箱《ばこ》をもらって帰《かえ》りました。

村《むら》へ帰《かえ》ると、なんともう三〇〇年《ねん》もたっていました。さびしくなったたろうは、開《あ》けてはいけないと言《い》われていた玉手箱《たまてばこ》を開《あ》けてしまいました。すると中《なか》から真《ま》っ白《しろ》なけむりが上《あ》がり、たろうはおじいさんになってしまいましたとさ。

p13_6／p13_2t

お話《はなし》 まちがい探《さが》し 『かぐやひめ』

「おじいさん、おばあさん、今日《きょう》まで育《そだ》ててもらったご恩《おん》は忘《わす》れません」と言《い》いながら、天人《てんにん》たちと天《てん》に上《のぼ》るかぐやひめ。

下《した》の2枚《まい》のイラストには5つのまちがいがあります。いくつ見《み》つけられるかな？

p14_1／p14_1t

p14_2

p14_3

『かぐやひめ』のまちがい探《さが》しの答《こた》え

①月《つき》の形《かたち》 ②雲《くも》の形《かたち》 ③羽衣《はごろも》の長《なが》さ
④柱《はしら》の位置《いち》 ⑤えぼしの形《かたち》

p14_4

p14_2

p14_5

日本《にっぽん》・世界《せかい》のお話《はなし》カード

月《つき》の世界《せかい》から来《き》た美《うつく》しいむすめ

『かぐやひめ』

昔《むかし》、竹《たけ》とりのおきなというおじいさんがいました。

ある日《ひ》、竹《たけ》やぶで光《ひか》る竹《たけ》を見《み》つけて切《き》ってみると、中《なか》には小《ちい》さな女《おんな》の子《こ》が。おどろいたおじいさんは女《おんな》の子《こ》をかぐやひめと名《な》づけ、おばあさんと大切《たいせつ》に育《そだ》てました。

やがて、美《うつく》しく成長《せいちょう》したかぐやひめに、五人《にん》の男《おとこ》がけっこんを申《もう》し出《で》ました。そこで、めずらしい宝物《たからもの》を見《み》つけた人《ひと》とけっこんすると言《い》いますが、全員失敗《ぜんいんしっぱい》しました。

いつからか、かぐやひめは月《つき》をながめて、毎日泣《まいにちな》くようになりました。心配《しんぱい》したおじいさんたちは、かぐやひめが月《つき》の都《みやこ》の者《もの》で、次《つぎ》の十五夜《じゅうごや》にむかえが来《く》ることを知《し》り、みかどに助《たす》けを求《もと》めます。しかし、みかどの家来《けらい》たちも天人《てんにん》には勝《か》てず、かぐやひめは月《つき》へと帰《かえ》っていきました。

p14_6／p14_2t

お話《はなし》 まちがい探《さが》し

『西遊記《さいゆうき》』

金角大王《きんかくだいおう》、銀角大王《ぎんかくだいおう》と戦《たたか》う孫悟空《そんごくう》たちですが、２ひきの魔物《まもの》も負《ま》けません。なんとか退治《たいじ》しようとしますが……。

下《した》の２枚《まい》のイラストには５つのまちがいがあります。いくつ見《み》つけられるかな？

p15_1／p15_1t

p15_2

p15_3

『西遊記《さいゆうき》』のまちがい探《さが》しの答《こた》え

①けん ②魔物《まもの》の歯《は》 ③右手《みぎて》の形《かたち》
④如意棒《にょいぼう》の先《さき》 ⑤はだし

p15_4

p15_2

p15_5

日本《にっぽん》・世界《せかい》のお話《はなし》カード

如意棒《にょいぼう》を片手《かたて》に
觔斗雲《きんとうん》でひとっ飛《と》び！

『西遊記《さいゆうき》』

花果山《かかざん》の石《いし》から生《う》まれたさるの孫悟空《そんごくう》。あばれんぼうの孫悟空《そんごくう》は、ついにはお釈迦《しゃか》さまに五行山《ごぎょうざん》の下《した》に閉《と》じこめられてしまいます。

それから五〇〇年《ねん》。孫悟空《そんごくう》は天竺《てんじく》に向《む》かう三蔵法師《さんぞうほうし》に救《すく》われ、お供《とも》をすることに。悪《わる》さをしないように頭《あたま》に緊箍児《きんこじ》をはめられ、猪八戒《ちょはっかい》と沙悟浄《さごじょう》も加《くわ》わり、さまざまな魔物《まもの》と戦《たたか》いながら旅《たび》を進《すす》めます。

こうして八一の苦難《くなん》を乗《の》り越《こ》え、ようやく天竺《てんじく》へたどり着《つ》いた一行《いっこう》。お釈迦《しゃか》さまから五〇四八巻《かん》のお経《きょう》を受《う》け取《と》って都《みやこ》へ帰《かえ》ります。その後《ご》、再《ふたた》び一行《いっこう》が天竺《てんじく》へともどると、お釈迦《しゃか》さまから仏《ほとけ》になることを認《みと》められます。すると、孫《そん》悟空《ごくう》の頭《あたま》をしばっていた緊箍《きんこ》児《じ》は、いつの間《ま》にか消《き》えていました。

p15_6／p15_2t

お話《はなし》 まちがい探《さが》し 『ジャックと豆《まめ》の木《き》』

巨人《きょじん》からハープをうばったジャックですが、ハープのさけび声《ごえ》を聞《き》いた巨人《きょじん》がジャックを追《お》いかけてきます。

下《した》の２枚《まい》のイラストには５つのまちがいがあります。いくつ見《み》つけられるかな？

p16_1／p16_1t

p16_2

p16_3

『ジャックと豆《まめ》の木《き》』のまちがい探《さが》しの答《こた》え

①葉《は》の数《かず》 ②つるの上下《じょうげ》 ③そでの長《なが》さ ④ぶどう ⑤楽器《がっき》

p16_4

p16_2

p16_5

日本《にっぽん》・世界《せかい》の
お話《はなし》カード

あらあら不思議《ふしぎ》！
天《てん》までのびた豆《まめ》のつる

『ジャックと豆《まめ》の木《き》』

ある朝《あさ》、め牛《うし》を売《う》りに市場《いちば》へ行《い》ったジャックは不思議《ふしぎ》なおじいさんと出会《であ》い、牛《うし》を豆《まめ》とこうかんします。が、そのことにおこった母親《ははおや》は豆《まめ》を窓《まど》から投《な》げ捨《す》ててしまいました。

ところが翌朝《よくあさ》、庭《にわ》には太《ふと》い豆《まめ》のつるが。ジャックはつるを上《のぼ》り、天《てん》の人食《ひとく》い巨人《きょじん》の家《いえ》に着《つ》きます。ジャックを見《み》た巨人《きょじん》の妻《つま》はにがそうとしますが、そこへ巨人《きょじん》が帰《かえ》ってきます。ジャックは急《いそ》いでだんろにかくれ、巨人《きょじん》がねむったすきに金貨《きんか》をうばってにげました。

次《つぎ》には金《きん》の卵《たまご》を産《う》むがちょう、三回《かい》目《め》にハープをうばいますが、ハープの声《こえ》で巨人《きょじん》が目《め》を覚《さ》まし、ジャックを追《お》いかけます。おどろいたジャックはおので豆《まめ》のつるを切《き》りたおし、巨人《きょじん》は地面《じめん》に落《お》ちて死《し》んでしまいました。その後《ご》、ジャックたちは幸《しあわ》せに暮《く》らしました。

p16_6／p16_2t

お話《はなし》 まちがい探《さが》し

『シンデレラ』

12時《じ》のかねが鳴《な》りひびき、シンデレラはまほうがとける前《まえ》に帰《かえ》るためあわてててかけだします。あっ、くつがぬげちゃったわ！

下《した》の２枚《まい》のイラストには５つのまちがいがあります。いくつ見《み》つけられるかな？

p17_1／p17_1t

p17_2

p17_3

『シンデレラ』のまちがい探《さが》しの答《こた》え

①人《ひと》のかげ ②階段《かいだん》の段数《だんすう》 ③はきもの ④かみがた ⑤足《あし》の位置《いち》

p17_4

p17_2

p17_5

日本《にっぽん》・世界《せかい》のお話《はなし》カード

12時《じ》までのまほう

『シンデレラ』

あるところに、やさしくて美《うつく》しい、シンデレラというむすめがいました。ある日《ひ》、意地悪《いじわる》なまま母《はは》と二人《ふたり》の姉《あね》はシンデレラにつらい仕事《しごと》をおしつけ、お城《しろ》のパーティーに。

シンデレラが泣《な》いていると、まほう使《つか》いが現《あらわ》れて、かぼちゃを馬車《ばしゃ》に変《か》え、シンデレラはすてきなおひめさまに。ただし、まほうは夜中《よなか》の一二時《じ》にはとけてしまいます。

お城《しろ》の王子《おうじ》さまは、シンデレラを一目《ひとめ》で気《き》に入《い》り、時間《じかん》を忘《わす》れておどっているうちに一二時《じ》のかねが。シンデレラがあわててかけだすとガラスのくつがぬげてしまいました。

数日後《すうじつご》、王子《おうじ》さまの家来《けらい》がくつの持《も》ち主《ぬし》を探《さが》しにくると、だれ一人《ひとり》はけないガラスのくつが、シンデレラにはぴったり。シンデレラは王子《おうじ》さまとけっこんし幸《しあわ》せに暮《く》らしました。

p17_6／p17_2t

お話《はなし》 まちがい探《さが》し 『みにくいあひるの子《こ》』

　つらい毎日《まいにち》を送《おく》っていた秋《あき》の日《ひ》の夕方《ゆうがた》、暖《あたた》かい国《くに》へと飛《と》び立《た》つ白鳥《はくちょう》の群《む》れを見《み》て、強《つよ》いあこがれを持《も》つあひるの子《こ》は……。

　下《した》の２枚《まい》のイラストには５つのまちがいがあります。いくつ見《み》つけられるかな？

p18_1／p18_1t

p18_2

p18_3

『みにくいあひるの子《こ》』のまちがい探《さが》しの答《こた》え

①つばさ ②葉《は》っぱ ③葉《は》っぱの形《かたち》
④くちばし ⑤バッタ

p18_4

p18_2

p18_5

日本《にっぽん》・世界《せかい》の
お話《はなし》カード

みにくいあひるの子《こ》の
本当《ほんとう》の姿《すがた》は？

『みにくいあひるの子《こ》』

　ある夏《なつ》の日《ひ》、あひるのお母《かあ》さんが温《あたた》めていた卵《たまご》から一《ひと》つだけ、ほかの子《こ》たちとはちがう、大《おお》きくてぶかっこうなひなが生《う》まれました。

　その子《こ》はみんなとちがうからと、ほかのあひるやにわとり、七面鳥《しちめんちょう》からもいじめられます。つらくなったあひるの子《こ》は群《む》れからにげ出《だ》しました。でも沼《ぬま》にたどり着《つ》いてみると、今《こん》度《ど》はかもやがんにもいじめられ、生《い》きる希望《きぼう》を失《うしな》います。

　そんな中《なか》、美《うつく》しい白鳥《はくちょう》の群《む》れに出会《であ》ったあひるの子《こ》は、強《つよ》いあこがれをいだきます。

　冬《ふゆ》をこしたあひるの子《こ》は、白鳥《はくちょう》たちがもどってきた湖《みずうみ》に行《い》きました。そこで水面《すいめん》に映《うつ》る自分《じぶん》の姿《すがた》を見《み》てびっくり！　いつのまにか大人《おとな》になっていた「みにくいあひるの子《こ》」は、それはそれは美《うつく》しい白鳥《はくちょう》に成《せい》長《ちょう》していたのでした。

p18_6／p18_2t

お話《はなし》 まちがい探《さが》し 『わらしべ長者《ちょうじゃ》』

貧《まず》しい若者《わかもの》が、手《て》にしたわらしべの先《さき》に、アブをくくりつけ歩《ある》いていると、見《み》ていた牛車《ぎっしゃ》の中《なか》の若君《わかぎみ》がそれを欲《ほ》しがり……。

下《した》の２枚《まい》のイラストには５つのまちがいがあります。いくつ見《み》つけられるかな？

p19_1／p19_1t

p19_2

p19_3

『わらしべ長者《ちょうじゃ》』のまちがい探《さが》しの答《こた》え

①鳥《とり》 ②えぼし ③ひもの重《かさ》なり方《かた》
④かざりの数《かず》 ⑤弓《ゆみ》の長《なが》さ

p19_4

p19_2

p19_5

日本《にっぽん》・世界《せかい》の お話《はなし》カード

1本《ぽん》のわらしべが
若者《わかもの》にもたらしたものは？

『わらしべ長者《ちょうじゃ》』

昔《むかし》、貧《まず》しい若者《わかもの》が、寺《てら》のお堂《どう》の前《まえ》にすわりこんで二一日《にち》目《め》に「寺《てら》を出《で》て最初《さいしょ》に手《て》にした物《もの》を捨《す》てないで持《も》っておけ」というお告《つ》げを聞《き》きました。

明《あ》くる朝《あさ》、寺《てら》を出《で》て転《ころ》んだ拍子《ひょうし》に手《て》にした物《もの》は一本《ぽん》のわらしべでした。アブがうるさいのでわらしべの先《さき》に結《むす》んで歩《ある》いていると「若君《わかぎみ》が欲《ほ》しがっているのでたてまつれ」とさむらいがやってきました。差《さ》し出《だ》すと、お礼《れい》にみかん三《みっ》つをくれました。また歩《ある》いていくと、身分《みぶん》の高《たか》い人《ひと》がたおれて水《みず》を欲《ほ》しがっていたので、みかんをあげると上等《じょうとう》な布《ぬの》三反《たん》をくれました。今度《こんど》は美《うつく》しい馬《うま》がたおれていたので布《ぬの》と取《と》りかえ、かんびょうすると馬《うま》は元気《げんき》になりました。馬《うま》を田《た》んぼと米《こめ》にこうかんしたら秋《あき》に田《た》は大豊作《だいほうさく》。若者《わかもの》はこうして長者《ちょうじゃ》になりましたとさ。

p19_6／p19_2t

お話《はなし》 まちがい探《さが》し
『おおかみと七ひきの子《こ》やぎ』

白《しろ》い粉《こな》をぬったおおかみの前足《まえあし》を見《み》て、お母《かあ》さんが帰《かえ》ってきたと思《おも》った子《こ》やぎたちは、とうとう戸《と》を開《あ》けてしまいました。

下《した》の２枚《まい》のイラストには５つのまちがいがあります。いくつ見《み》つけられるかな？

p20_1／p20_1t

p20_2

p20_3

『おおかみと七ひきの子《こ》やぎ』のまちがい探《さが》しの答《こた》え

①おおかみの手《て》 ②サスペンダー ③子《こ》やぎのあし ④脚《あし》の角度《かくど》 ⑤フライパンの柄《え》の位置《いち》

p20_4

p20_2

p20_5

日本《にっぽん》・世界《せかい》のお話《はなし》カード

おおかみにねらわれた子《こ》やぎたちの運命《うんめい》は ?!

『おおかみと七ひきの子《こ》やぎ』

昔《むかし》、お母《かあ》さんやぎと七ひきの子《こ》やぎが仲良《なかよ》く暮《く》らしていました。ある日《ひ》、子《こ》やぎたちだけで留守番《るすばん》をしていると、おおかみがお母《かあ》さんのふりをして家《いえ》に入《はい》ろうとしました。でも声《こえ》ががらがらで、ばれてしまいます。そこでチョークを食《た》べて声《こえ》をきれいにしますが、やぎとちがう黒《くろ》い前足《まえあし》を見《み》られてまた失敗《しっぱい》。最後《さいご》に前《まえ》足《あし》に粉《こな》をぬって白《しろ》くすると、とうとう子《こ》やぎたちはだまされて食《た》べられてしまいました。

やがて帰《かえ》ってきたお母《かあ》さんが、一ぴきだけ助《たす》かった末《すえ》っ子《こ》とともにおおかみを探《さが》すとひるね中《ちゅう》。おなかをはさみで切《き》ると食《た》べられた子《こ》やぎたちが出《で》てきたので、代《か》わりに石《いし》をつめました。目覚《めざ》めたおおかみが井戸《いど》の水《みず》を飲《の》もうとすると、石《いし》が重《おも》たくて水《みず》に落《お》ち、おぼれてしまいました。

p20_6／p20_2t

お話《はなし》 まちがい探《さが》し『かちかちやま』

たぬきが背負《せお》ったかやに、後《うし》ろからうさぎが火打《ひう》ち石《いし》。なんの音《おと》かと聞《き》かれれば「ここはかちかちやまだから」って。

下《した》の2枚《まい》のイラストには5つのまちがいがあります。いくつ見《み》つけられるかな？

p21_1／p21_1t

p21_2

p21_3

『かちかちやま』のまちがい探《さが》しの答《こた》え

①ほのおの形《かたち》 ②たぬきの目《め》のもよう ③手《て》 ④足《あし》の指《ゆび》 ⑤道《みち》

p21_4

p21_2

p21_5

日本《にっぽん》・世界《せかい》のお話《はなし》カード

悪《わる》だぬきを
うさぎがこらしめる

『かちかちやま』

昔《むかし》むかしあるところに、おじいさんとおばあさんが仲良《なかよ》くくらしていました。

そんなある日《ひ》、おばあさんが悪《わる》いたぬきにだまされて殺《ころ》されてしまいます。なげき悲《かな》しむおじいさんに代《か》わって、うさぎがかたきうちをすることになりました。

欲《よく》が深《ふか》いたぬきは、ころっとうさぎにだまされ、背中《せなか》に背負《せお》ったかやに「かちかち」と火打《ひう》ち石《いし》で火《ひ》をつけられて大《おお》やけど。その上《うえ》その背中《せなか》にとうがらしみそをぬられ、ふんだりけったりの目《め》に。

しまいには「魚《さかな》をとりに行《い》こう」という、木《き》の船《ふね》に乗《の》ったうさぎのさそいにまんまと乗《の》って、どろの船《ふね》に。当然《とうぜん》どろはとけ、たぬきはついにおぼれ死《じ》にました。

うさぎとおじいさんはたいそう喜《よろこ》び合《あ》いましたとさ。

p21_6／p21_2t

お話《はなし》 まちがい探《さが》し 『さるかに合戦《かっせん》』

焼《や》けたくりやハチ、子《こ》がにと牛《うし》のふんが大《だい》ふんとう。とどめにうすがドスンと落《お》ちて見事《みごと》さるをやっつけました。

下《した》の２枚《まい》のイラストには５つのまちがいがあります。いくつ見《み》つけられるかな？

p22_1／p22_1t

p22_2

p22_3

『さるかに合戦《かっせん》』のまちがい探《さが》しの答《こた》え

①屋根《やね》 ②みかん ③うすの足《あし》 ④窓《まど》 ⑤さるの口《くち》

p22_4

p22_2

p22_5

日本《にっぽん》・世界《せかい》のお話《はなし》カード

かにをだましたさるをみんなでやっつけろ！

『さるかに合戦《かっせん》』

ある日《ひ》、かにがおいしそうなおにぎりを拾《ひろ》いました。それを見《み》たさるは、どっさりかきがなるぞとかにをだまして、自分《じぶん》の持《も》っているかきの種《たね》とおにぎりをこうかんしました。

かにはさっそく種《たね》を植《う》え、毎日世話《まいにちせわ》をしたのでかきの木《き》はみるみる大《おお》きくなりたくさんの実《み》をつけました。ところがかにはかきの実《み》をとることができません。するとまたさるがやってきて木《き》に登《のぼ》り、勝手《かって》にかきをたらふく食《た》べました。そしてあろうことか、青《あお》くかたいかきをかににぶつけ、殺《ころ》してしまいました。

親《おや》がにを殺《ころ》された子《こ》がにが泣《な》いていると、ハチやくり、牛《うし》のふんやうすが話《はなし》を聞《き》いてくれ、いっしょにさるをやっつけることになりました。

そうしてみんなで力《ちから》を合《あ》わせ、最後《さいご》にさるはぺっちゃんこ。

p22_6／p22_2t

お話《はなし》 まちがい探《さが》し 『3びきのこぶた』

れんがの家《いえ》にやってきた、おおかみ。力《ちから》いっぱい息《いき》をふいて家《いえ》をふき飛《と》ばそうとしますが……。

下《した》の2枚《まい》のイラストには5つのまちがいがあります。いくつ見《み》つけられるかな？

p23_1／p23_1t

p23_2

p23_3

『3びきのこぶた』のまちがい探《さが》しの答《こた》え

①れんが ②耳《みみ》 ③おおかみの息《いき》の太《ふと》さ ④しっぽ ⑤そで

p23_4

p23_2

p23_5

日本《にっぽん》・世界《せかい》のお話《はなし》カード

安全《あんぜん》なのはどのおうち？

『3びきのこぶた』

あるところに、三びきのこぶたとお母《かあ》さんがいました。ある日《ひ》、お母《かあ》さんはこぶたたちに自分《じぶん》で暮《く》らすようにいい、家《いえ》を出《だ》しました。

一番目《ばんめ》のこぶたはわらの家《いえ》を建《た》てました。すると、そこへおおかみがやってきて、わらの家《いえ》をふうっとふき飛《と》ばしてしまいました。

二番目《ばんめ》は木《き》で家《いえ》を建《た》てましたが、やはり、おおかみにふき飛《と》ばされてしまいました。

三番目《ばんめ》はれんがで家《いえ》を建《た》てました。するとまた、おおかみがやってきて家《いえ》をふき飛《と》ばし、こぶたを食《た》べようとしましたが、いくらふいても家《いえ》はびくともしません。おこったおおかみは、えんとつから家《いえ》の中《なか》へ。その下《した》では、こぶたが大《おお》なべに火《ひ》をつけていたので、落《お》ちたおおかみは大《おお》やけどを負《お》ってにげていきました。

p23_6／p23_2t

お話《はなし》 まちがい探《さが》し
『ブレーメンの音楽隊《おんがくたい》』

　どろぼうの家《いえ》にやってきた動物《どうぶつ》たち。中《なか》に並《なら》ぶごちそうを前《まえ》に、どろぼうたちを追《お》い出《だ》すためにしたことは？

　下《した》の２枚《まい》のイラストには５つのまちがいがあります。いくつ見《み》つけられるかな？

p24_1／p24_1t

p24_2

p24_3

『ブレーメンの音楽隊《おんがくたい》』のまちがい探《さが》しの答《こた》え

①ねこのしま ②屋根《やね》のへり ③かげ ④持《も》ち物《もの》 ⑤ろばの耳《みみ》

p24_4

p24_2

p24_5

日本《にっぽん》・世界《せかい》のお話《はなし》カード

町《まち》の音楽隊《おんがくたい》目指《めざ》してでかけた動物《どうぶつ》たち

『ブレーメンの音楽隊《おんがくたい》』

　年《とし》をとったろばがいました。飼《か》い主《ぬし》がえさをくれなくなったので、ブレーメンの町《まち》で音楽隊《おんがくたい》にやとってもらおうと、ある日《ひ》、にげ出《だ》しました。

　犬《いぬ》とねこ、おんどりが加《くわ》わり、森《もり》で一夜《いちや》を明《あ》かすことに。すると、おんどりが一《ひと》つの明《あ》かりを見《み》つけました。

　そこは、どろぼうの家《いえ》。中《なか》には、おいしそうな料理《りょうり》が。そこでどろぼうを追《お》い出《だ》そうと、それぞれの体《からだ》に乗《の》り、窓《まど》の外《そと》で大声《おおごえ》を出《だ》しました。おどろいたどろぼうたちは、あわてて森《もり》へにげていきました。

　さて、暗《くら》い家《いえ》に帰《かえ》ったどろぼうが、燃《も》えさしとまちがえてねこの目《め》に火《ひ》をつけたから大変《たいへん》。一行《いっこう》が引《ひ》っかいたりけったりしたので、おびえたどろぼうはとうとうもどってきませんでした。一行《いっこう》は家《いえ》が気《き》に入《い》り、仲良《なかよ》く暮《く》らしました。

p24_6／p24_2t

お話《はなし》 まちがい探《さが》し『ヘンゼルとグレーテル』

森《もり》で迷《まよ》った二人《ふたり》が見《み》つけたのは、おかしの家《いえ》。はらぺこの二人《ふたり》は夢中《むちゅう》で食《た》べ始《はじ》めますが、そこはまじょの家《いえ》で……。

下《した》の２枚《まい》のイラストには５つのまちがいがあります。いくつ見《み》つけられるかな？

p25_1／p25_1t

p25_2

p25_3

『ヘンゼルとグレーテル』のまちがい探《さが》しの答《こた》え

①つぎ ②きのこのじく ③屋根《やね》のもよう ④雨《あま》どいの線《せん》の数《かず》 ⑤窓《まど》

p25_4

p25_2

p25_5

日本《にっぽん》・世界《せかい》のお話《はなし》カード

見《み》つけたのは
あまいおかしの家《いえ》

『ヘンゼルとグレーテル』

大《おお》きな森《もり》のそばに、貧《まず》しい木《き》こりがおかみさんと二人《ふたり》の子《こ》どもヘンゼル、グレーテルと暮《く》らしていました。

ある日《ひ》、ついに食《た》べ物《もの》がなくなり、子《こ》どもたちは森《もり》に置《お》き去《ざ》りにされてしまいます。かしこいヘンゼルが道《みち》に小石《こいし》を落《お》として歩《ある》いたので、家《いえ》に帰《かえ》ることができましたが、再《ふたた》び森《もり》に置《お》いていかれて迷《まよ》ってしまう二人《ふたり》。その後《あと》おかしの家《いえ》を見《み》つけ、二人《ふたり》が夢中《むちゅう》で食《た》べていると、中《なか》からおばあさんが。それは悪《わる》いまじょでした。

ヘンゼルを太《ふと》らせて食《た》べてしまおうと小屋《こや》に閉《と》じこめ、グレーテルに料理《りょうり》を作《つく》らせるまじょ。とうとう食《た》べられそうになり、グレーテルはヘンゼルを助《たす》けようと、かまどにまじょをおしこめます。そして、二人《ふたり》はまじょの宝石《ほうせき》を持《も》って無事《ぶじ》に家《いえ》へ帰《かえ》りました。

p25_6／p25_2t

お話《はなし》 まちがい探《さが》し 『ももたろう』

鬼《おに》が島《しま》にたどり着《つ》いたももたろう。大《おお》きな門《もん》を開《あ》け、お供《とも》の犬《いぬ》たちと悪《わる》い鬼《おに》をやっつけました。

下《した》の２枚《まい》のイラストには５つのまちがいがあります。いくつ見《み》つけられるかな？

p26_1／p26_1t

p26_2

p26_3

『ももたろう』のまちがい探《さが》しの答《こた》え

①鳥《とり》 ②こしまき ③角《つの》の数《かず》 ④目《め》 ⑤しっぽ

p26_4

p26_2

p26_5

日本《にっ ぽん》・世界《せ かい》の お話《はなし》カード

日本一強《にっぽんいちつよ》い
ももから生《う》まれたももたろう

『ももたろう』

ある日《ひ》、おじいさんは山《やま》へしばかりに、おばあさんは川《かわ》へせんたくに出《で》かけました。するとと、川上《かわかみ》から大《おお》きなももが流《なが》れてくるではありませんか。おばあさんは大喜《おおよろこ》びで家《うち》へ持《も》ち帰《かえ》り切《き》ろうとしたところ、ももがわれて中《なか》から男《おとこ》の子《こ》の赤《あか》んぼうが。二人《ふたり》はこの子《こ》をももたろうと名《な》づけました。

ある日《ひ》鬼退治《おにたいじ》を決意《けつい》したももたろう。きびだんごをさげて歩《ある》いていると、犬《いぬ》がやってきて「お供《とも》したい」と言《い》いました。ももたろうはきびだんごをやり、お供《とも》にしました。そうしてきじとさるも加《くわ》わり鬼《おに》が島《しま》に着《つ》くと、ももたろうたちは次《つぎ》つぎと鬼《おに》を退治《たいじ》しました。降参《こうさん》した鬼《おに》は「もう悪《わる》さはしない」と、ぬすんだ宝《たから》物《もの》を差《さ》し出《だ》しました。宝物《たからもの》を持《も》ち帰《かえ》った一行《いっこう》は、一生《いっしょう》幸《しあわ》せに暮《く》らしたそうです。

p26_6／p26_2t

お話《はなし》 まちがい探《さが》し
『ヤマタノオロチ』

ヤマタノオロチは八《やっ》つのかめに用意《ようい》された強《つよ》いお酒《さけ》を飲《の》んですっかりよっぱらい、ぐうぐうねこんでしまいました。

下《した》の２枚《まい》のイラストには５つのまちがいがあります。いくつ見《み》つけられるかな？

p27_1／p27_1t

p27_2

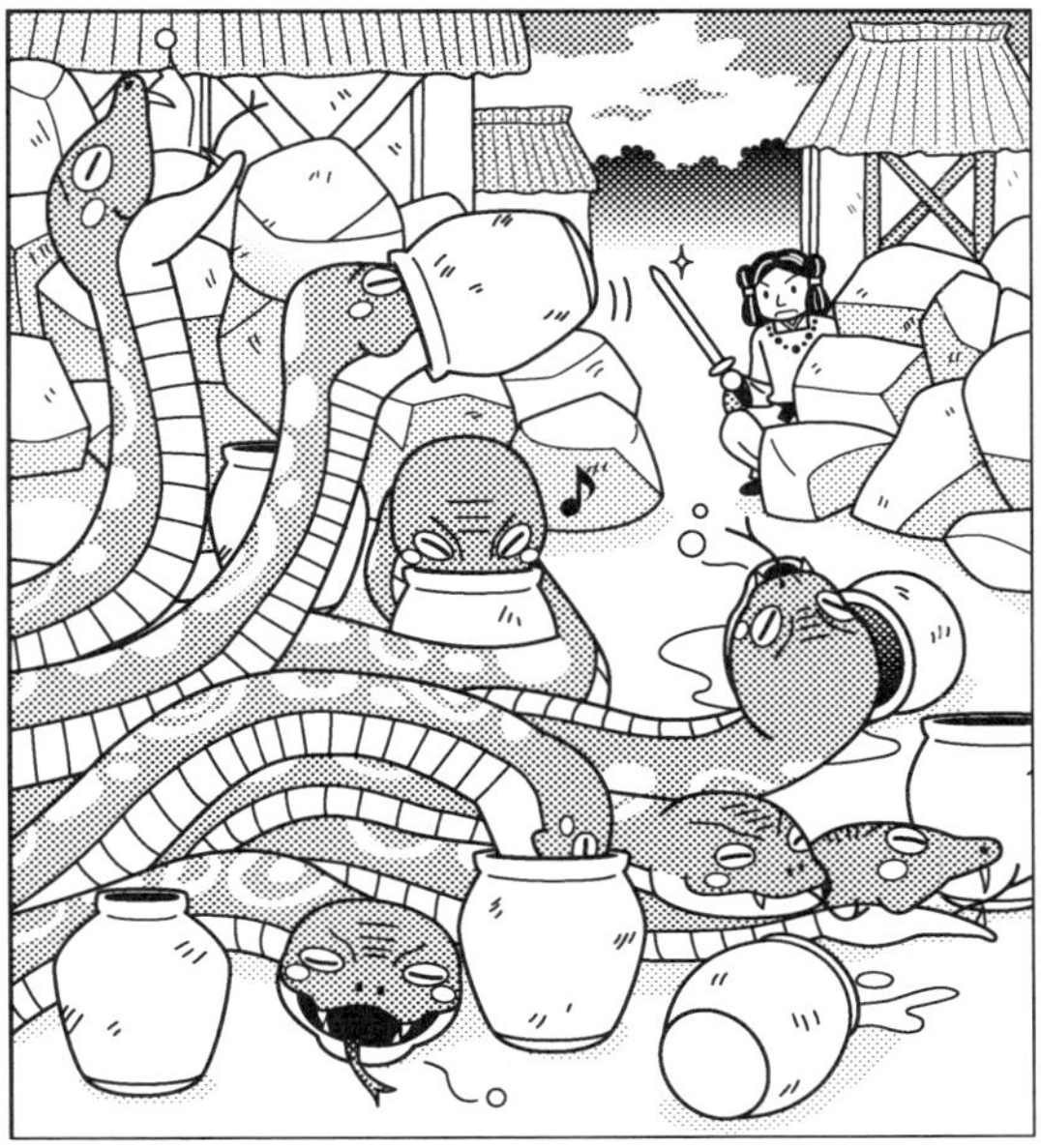
p27_3

『ヤマタノオロチ』のまちがい探《さが》しの答《こた》え

①岩《いわ》 ②重《かさ》なり方《かた》 ③かめの口《くち》 ④こぼれた酒《さけ》 ⑤のどのもよう

p27_4

p27_2

p27_5

日本《にっぽん》・世界《せかい》の
お話《はなし》カード

八《やっ》つの頭《あたま》の大蛇《だいじゃ》を
やっつけろ！

『ヤマタノオロチ』

出雲《いずも》の国《くに》にやってきたスサノオノミコトは、なげき悲《かな》しむ老夫婦《ろうふうふ》に出会《であ》いました。わけを聞《き》くと、八《やっ》つの頭《あたま》を持《も》った大蛇《だいじゃ》、ヤマタノオロチが山《やま》から現《あらわ》れ、夫婦《ふうふ》のむすめたちを食《た》べてしまい、残《のこ》った末《すえ》むすめももうすぐ食《た》べられてしまう、というのです。

ミコトは「わたしが大蛇《だいじゃ》をたおそう」と約束《やくそく》し、夫婦《ふうふ》に強《つよ》い酒《さけ》を準備《じゅんび》させました。

やがて、山《やま》からやってきたオロチは酒《さけ》のかおりに引《ひ》きよせられ、ぐびぐびとかめのお酒《さけ》を飲《の》みました。

とても強《つよ》い酒《さけ》です。オロチはすっかりよっぱらい、ねむりこんでしまいました。ミコトはすかさずおそいかかって、オロチをきり殺《ころ》しました。

スサノオノミコトは老夫婦《ろうふうふ》のむすめとけっこんして、出雲《いずも》の国《くに》に住《す》まいをかまえました。

p27_6／p27_2t

お話《はなし》 まちがい探《さが》し『アリババと40人《にん》のとうぞく』

宝《たから》をかくしに来《き》たとうぞくのお頭《かしら》が大《おお》きな岩《いわ》の前《まえ》で「開《ひら》け、ゴマ！」とさけぶと、重《おも》たい岩《いわ》が動《うご》いて、ぽっかり穴《あな》が。

下《した》の２枚《まい》のイラストには5つのまちがいがあります。いくつ見《み》つけられるかな？

p28_1／p28_1t

p28_2

p28_3

『アリババと40人《にん》のとうぞく』のまちがい探《さが》しの答《こた》え

①アリババの頭《あたま》 ②とうぞくの手《て》
③穴《あな》 ④馬《うま》 ⑤とうぞくの刀《かたな》

p28_4

p28_2

p28_5

日本《にっぽん》・世界《せかい》のお話《はなし》カード

まほうの言葉《ことば》で岩《いわ》が動《うご》く!?

『アリババと40人《にん》のとうぞく』

ペルシアに金持《かねも》ちの兄《あに》と貧《まず》しい弟《おとうと》がいました。ある日《ひ》、手下《てした》を率《ひき》いて森《もり》に来《き》たとうぞくのお頭《かしら》が、大《おお》きな岩《いわ》の前《まえ》で「開《ひら》けゴマ！」とさけんで岩《いわ》を動《うご》かし、穴《あな》に宝《たから》をかくすのを見《み》た弟《おとうと》のアリババ。その宝《たから》を持《も》ち帰《かえ》り金持《かねも》ちになりましたが、うらやんでまねをした兄《あに》は穴《あな》でとうぞくに見《み》つかって殺《ころ》されてしまいます。悲《かな》しんだアリババは、兄《あに》のなきがらをこっそり持《も》ち帰《かえ》りました。

死体《したい》が消《き》えたことにおこったとうぞくたちは犯人《はんにん》がアリババだと知《し》り、家《いえ》の戸《と》に目印《めじるし》をつけて、油売《あぶらう》りや宝石売《ほうせきう》りに化《ば》けて殺《ころ》そうとしますが、アリババの家《いえ》のお手伝《てつだ》いのむすめに見破《みやぶ》られ、殺《ころ》されてしまいます。命《いのち》を救《すく》われたアリババはかしこいむすめを自分《じぶん》のむすことけっこんさせ、みんなで幸《しあわ》せに暮《く》らしました。

p28_6／p28_2t

お話《はなし》 まちがい探《さが》し

『北風《きたかぜ》と太陽《たいよう》』

冷《つめ》たい風《かぜ》を、勢《いきお》いよく旅人《たびびと》にふきつける北風《きたかぜ》。ところが、旅人《たびびと》はいっこうに上《うわ》着《ぎ》をぬぐ様子《ようす》がありません。

下《した》の２枚《まい》のイラストには５つのまちがいがあります。いくつ見《み》つけられるかな？

p29_1／p29_1t

p29_2

p29_3

『北風《きたかぜ》と太陽《たいよう》』のまちがい探《さが》しの答《こた》え

①枝《えだ》の位置《いち》 ②鳥《とり》のつばさ ③雲《くも》の形《かたち》 ④道《みち》しるべ ⑤足《あし》の位置《いち》

p29_4

p29_2

p29_5

日本《にっぽん》・世界《せかい》のお話《はなし》カード

無理《むり》やり
おしつけるよりも……

『北風《きたかぜ》と太陽《たいよう》』

北風《きたかぜ》と太陽《たいよう》が、どっちの力《ちから》が強《つよ》いかと言《い》い争《あらそ》っていました。そこへ、一人《ひとり》の旅人《たびびと》が歩《ある》いてきました。そこで、その旅人《たびびと》の上着《うわぎ》をぬがせた方《ほう》が勝《か》ちだということに決《き》めました。

最初《さいしょ》の勝負《しょうぶ》は北風《きたかぜ》。旅人《たびびと》の上着《うわぎ》をふき飛《と》ばそうと力《ちから》いっぱいふきます。すると、旅人《たびびと》が「寒《さむ》い、寒《さむ》い」と上着《うわぎ》の前《まえ》をおさえたものですから、北《きた》風《かぜ》はますます激《はげ》しくふきつけました。ところが、北風《きたかぜ》がふけばふくほど、旅人《たびびと》は上着《うわぎ》をおさえこむ始末《しまつ》。

そこで太陽《たいよう》は「次《つぎ》はわたしの番《ばん》だ」と、じわじわと旅人《たびびと》を照《て》らしました。だんだん光《ひかり》を強《つよ》くすると、旅人《たびびと》は「暑《あつ》くて着《き》ていられない」と、ついに上着《うわぎ》をぬいだではありませんか。それを見《み》た北風《きたかぜ》は、はずかしそうにどこかへ飛《と》んでいってしまいました。

p29_6／p29_2t

お話《はなし》 まちがい探《さが》し
『さるのきも』

さるはくらげの話《はなし》を立《た》ち聞《ぎ》きし、自分《じぶん》が殺《ころ》されてきもを取《と》られるのだと知《し》ります。

下《した》の２枚《まい》のイラストには５つのまちがいがあります。いくつ見《み》つけられるかな？

p30_1／p30_1t

p30_2

p30_3

『さるのきも』のまちがい探《さが》しの答《こた》え

①かいそう ②足《あし》の数《かず》 ③サンゴの長《なが》さ ④しっぽ ⑤魚《さかな》の向《む》き

p30_4

p30_2

p30_5

日本《にっぽん》・世界《せかい》のお話《はなし》カード

さるのきもは病気《びょうき》にきくの？

『さるのきも』

おひめさまの病気《びょうき》にはさるのきも※がきくと聞《き》いた竜宮《りゅうぐう》の王《おう》さまが、かめに、「陸《りく》に行《い》ってさるを連《つ》れてこい」と言《い》いました。かめは命令通《めいれいどお》りさるを竜宮《りゅうぐう》へ連《つ》れ帰《かえ》りました。

ごちそうに満腹《まんぷく》したさるが、用足《ようた》しに行《い》くと、くらげの話《はな》し声《ごえ》が。「さるのやつ、きもを取《と》られるのも知《し》らないで……」。

さるは席《せき》にもどると王《おう》さまに「山《やま》にほしてきたきもが心《しん》配《ぱい》」とうったえます。王《おう》さまは「すぐに様子《ようす》を見《み》に行《い》け」とかめにさるを陸《りく》に送《おく》らせました。陸《りく》に着《つ》いたさるは「くらげのおしゃべりを聞《き》いたんだ。きもをほしたりするものか」と言《い》い残《のこ》してにげてしまい、かめはすごすご竜宮《りゅうぐう》へ。

王《おう》さまはとてもおこっておしゃべりくらげの骨《ほね》をぬいてしまいました。くらげがほねなしなのはそのせいなのです。

※内臓の大切な部分

p30_6／p30_2t

お話《はなし》 まちがい探《さが》し『十二支《じゅうにし》のはじまり』

ねこがぐっすりねているうちに、牛《うし》に乗《の》ったねずみは神《かみ》さまのもとに向《む》かいます。さあ、一番《いちばん》のりはだれでしょう。

下《した》の2枚《まい》のイラストには5つのまちがいがあります。いくつ見《み》つけられるかな？

p31_1／p31_1t

p31_2

p31_3

『十二支《じゅうにし》のはじまり』のまちがい探《さが》しの答《こた》え

①しっぽの向《む》き ②屋根《やね》の線《せん》の数《かず》 ③山《やま》の高《たか》さ ④葉《は》っぱの数《かず》 ⑤しっぽのもよう

p31_4

p31_2

p31_5

日本《にっぽん》・世界《せかい》の
お話《はなし》カード

最初《さいしょ》の年《とし》を
担当《たんとう》するのはだれ？

『十二支《じゅうにし》のはじまり』

ある時《とき》、神《かみ》さまが言《い》いました。

「元旦《がんたん》に最初《さいしょ》に集《あつ》まった一二の動物《どうぶつ》に、そのあとの年《とし》を一年《ねん》ずつまかせよう」

集合日《しゅうごうび》を忘《わす》れたねこがねずみに聞《き》くと、ねずみはすました顔《かお》で「一月二日《がつふつか》だよ」。

そのくせねずみは、元日《がんじつ》の夜明《よあ》け前《まえ》、牛《うし》の背中《せなか》に乗《の》って神《かみ》さまのもとに向《む》かいました。

足《あし》がおそい牛《うし》は、早《はや》めに家《いえ》を出《で》て真《ま》っ先《さき》に神《かみ》さまのもとにつくはず……でしたが、あと一歩《いっぽ》のところで背中《せなか》のねずみがとびおりて一着《ちゃく》！

その後《ご》もぞくぞくと動物《どうぶつ》たちがやってきて、一二の年《とし》の担当《たんとう》が決《き》まりました。

さて、元日《がんじつ》にはゆっくりとねぼうをしていたねこ。あとでねずみにだまされたことを知《し》り、以来《いらい》ねずみを追《お》いかけるようになりましたとさ。

p31_6／p31_2t

お話《はなし》 まちがい探《さが》し

『大工《だいく》とおにろく』

目玉《めだま》を取《と》られてはなるものかと、大工《だいく》が最後《さいご》に、おにの本当《ほんとう》の名前《なまえ》を大声《おおごえ》でさけぶと……。

下《した》の２枚《まい》のイラストには５つのまちがいがあります。いくつ見《み》つけられるかな？

p32_1／p32_1t

p32_2

p32_3

『大工《だいく》とおにろく』のまちがい探《さが》しの答《こた》え

①鼻《はな》の穴《あな》 ②葉《は》っぱ ③そでの長《なが》さ ④はなお ⑤はもん

p32_4

p32_2

p32_5

日本《にっぽん》・世界《せかい》のお話《はなし》カード

大工《だいく》とおにのかけひきの行方《ゆくえ》は…？

『大工《だいく》とおにろく』

あるところにとても流《なが》れの速《はや》い川《かわ》があり、うでのいい大《だい》工《く》が村人《むらびと》に、じょうぶな橋《はし》をかけてくれとたのまれました。流《なが》れを見《み》て大工《だいく》がとほうにくれていると、川《かわ》の中《なか》からおにが出《で》てきて「おれが立派《りっぱ》な橋《はし》をつくってやるから、そのかわりにお前《まえ》の目玉《めだま》をよこせ」と言《い》うのです。次《つぎ》の日《ひ》、大工《だいく》が川《かわ》に来《き》てみると立派《りっぱ》な橋《はし》が半分《はんぶん》かかっていました。そこにおにが現《あらわ》れ「橋《はし》は今晩完成《こんばんかんせい》させるから、目《め》ん玉洗《たまあら》っとけ。でも、もしおれの名前《なまえ》を当《あ》てられたら目《め》ん玉《たま》は取《と》らずにいてやるぞ」と言《い》いました。困《こま》った大工《だいく》ですが、ぐうぜんやまおくである名前《なまえ》を耳《みみ》にして……。翌日《よくじつ》、橋《はし》が完成《かんせい》し目玉《めだま》をせまるおにに向《む》かって、大工《だいく》がとどめに「おにろく！」と名《な》をさけぶと、おにはあぶくの底《そこ》に消《き》えてしまいましたとさ。

p32_6／p32_2t

お話《はなし》 まちがい探《さが》し 『長《なが》ぐつをはいたねこ』

ねこは、ご主人《しゅじん》さま（末《すえ》っ子《こ》）に長《なが》ぐつをもらって大喜《おおよろこ》び。ふくろをかついで、森《もり》へでかけていきますが……。

下《した》の２枚《まい》のイラストには５つのまちがいがあります。いくつ見《み》つけられるかな？

p33_1／p33_1t

p33_2

p33_3

『長《なが》ぐつをはいたねこ』のまちがい探《さが》しの答《こた》え

①ロバのあし ②道《みち》しるべ ③右足《みぎあし》の位置《いち》 ④しっぽの向《む》き ⑤しまの数《かず》

p33_4

p33_2

p33_5

日本《にっぽん》・世界《せかい》のお話《はなし》カード

人間《にんげん》より頭《あたま》がよいねこが大《だい》かつやく！

『長《なが》ぐつをはいたねこ』

貧《まず》しい粉《こな》ひきが死《し》に、末《すえ》っ子《こ》にねこが残《のこ》されました。がっかりしたものの、ねこの言《い》う通《とお》り、長《なが》ぐつとふくろをあたえると、ねこは森《もり》でえものをとらえ「カラバこうしゃくから」と言《い》って王《おう》さまに差《さ》し上《あ》げ、喜《よろこ》ばれました。ある日《ひ》ねこは王《おう》さまと王女《おうじょ》さまの外出《がいしゅつ》を知《し》ると、末《すえ》っ子《こ》にはだかで川《かわ》に入《はい》るように伝《つた》え、服《ふく》をぬすまれたと大《おお》さわぎ。通《とお》りかかった王《おう》さまに末《すえ》っ子《こ》が服《ふく》をもらうと見《み》ちがえて立派《りっぱ》になりました。その間《あいだ》ねこは先回《さきまわ》りし、麦畑《むぎばたけ》などで働《はたら》く人《ひと》にこうしゃくの土地《とち》だと王《おう》さまに答《こた》えるようにおどします。そして本当《ほんとう》の地主《じぬし》の人食《ひとく》いおにの城《しろ》へ。おにをだましてねずみに変身《へんしん》させ、食《た》べてしまいました。おにの財産《ざいさん》は末《すえ》っ子《こ》のものになり王女《おうじょ》さまとけっこん。ねこも幸《しあわ》せに暮《く》らしました。

p33_6／p33_2t

お話《はなし》 まちがい探《さが》し『はだかの王《おう》さま』

大臣《だいじん》たちには見《み》えるのに、自分《じぶん》に見《み》えないわけはないと考《かんが》える王《おう》さま。できあがった服《ふく》を着《き》てみるけれど……。
下《した》の２枚《まい》のイラストには５つのまちがいがあります。いくつ見《み》つけられるかな？

p34_1／p34_1t

p34_2

p34_3

『はだかの王《おう》さま』のまちがい探《さが》しの答《こた》え

①王《おう》さまの指《ゆび》 ②しゃくの先《さき》 ③ポケット ④リボン ⑤鏡《かがみ》のもよう

p34_4

p34_2

p34_5

日本《にっぽん》・世界《せかい》のお話《はなし》カード

見《み》える？ 見《み》えない？
不思議《ふしぎ》な布《ぬの》

『はだかの王《おう》さま』

新《あたら》しい服《ふく》が好《す》きで、美《うつく》しく着《き》かざるためなら時間《じかん》もお金《かね》もおしまない王《おう》さまがいました。ある日《ひ》、お城《しろ》に、役目《やくめ》にふさわしくない者《もの》やおろかな者《もの》には見《み》えない布《ぬの》を織《お》るという二人《ふたり》の男《おとこ》が来《き》ました。実《じつ》は、二人《ふたり》はさぎ師《し》だったのです。王《おう》さまはその布《ぬの》で新《あたら》しい服《ふく》を作《つく》らせることに。ところが、できを見《み》にいった大臣《だいじん》と役人《やくにん》には糸《いと》すら見《み》えません。困《こま》った二人《ふたり》は王《おう》さまのもとへもどり、すばらしい布《ぬの》だと伝《つた》えます。

さて王《おう》さまのおどろいたこと！ みんながあれほどほめた布《ぬの》が見《み》えません。仕方《しかた》なく見《み》えない服《ふく》で街《まち》をパレードすると、一人《ひとり》の子《こ》どもが「王《おう》さまは何《なに》も着《き》てないよ！」といいます。そうだなと思《おも》った王《おう》さまですが、背筋《せすじ》をのばし、侍従《じじゅう》たちはありもしないすそをかかげて進《すす》んでいきました。

p34_6／p34_2t

お話《はなし》 まちがい探《さが》し 『ホジャのお説教《せっきょう》』

とんちのきいたホジャ、ナスレディン。お説教《せっきょう》の中味《なかみ》を思《おも》いつかなかった時《とき》、どうやって切《き》りぬけたのでしょうか？

下《した》の２枚《まい》のイラストには５つのまちがいがあります。いくつ見《み》つけられるかな？

p35_1／p35_1t

p35_2

p35_3

『ホジャのお説教《せっきょう》』のまちがい探《さが》しの答《こた》え

①ターバンのもよう ②カーテン ③ねている人《ひと》 ④そでのがら ⑤手《て》の組《く》み方《かた》

p35_4

p35_2

p35_5

日本《にっぽん》・世界《せかい》の
お話《はなし》カード

何《なに》も話《はな》すことがない
時《とき》は……

『ホジャのお説教《せっきょう》』

昔《むかし》、トルコにナスレディンという名《な》のホジャ※1がいました。仕事《しごと》の一《ひと》つは、人《ひと》びとにアラー※2の教《おし》えについて話《はな》すこと。

ある日《ひ》、何《なに》も話《はなし》を思《おも》いつかなかったホジャはみんなに聞《き》きました。「わたしが何《なに》を話《はな》そうとしているか、わかるかな？」もちろん答《こた》えは「わかりません」。するとホジャは「わからない人《ひと》に話《はな》してもしょうがないな」とお説教《せっきょう》をせずに済《す》ませました。

また、ある日《ひ》。ホジャが「わたしが何《なに》を話《はな》そうとしているかわかるかな？」。今度《こんど》は「わかります」という声《こえ》が。ホジャは「ならば話《はな》すことはあるまい」とまた知《し》らん顔《かお》。

そしてまたある日《ひ》。ホジャの問《と》いに、「わかる」「わからない」両方《りょうほう》の返事《へんじ》が。ホジャは笑《わら》って「では、わからない人《ひと》はわかる人《ひと》に聞《き》くように」。

※1 ホジャ：イスラム教の世界で「先生」や「身分の高い人」を意味する呼び名。 ※2 イスラム教の神

p35_6／p35_2t

お話《はなし》 まちがい探《さが》し 『かさじぞう』

どっさりと積《つ》もったじぞうの雪《ゆき》をていねいにはらい、かさをかぶせていくおじいさん。あれあれ、1つ足《た》りないぞ。

下《した》の2枚《まい》のイラストには5つのまちがいがあります。いくつ見《み》つけられるかな？

p36_1／p36_1t

p36_2

p36_3

『かさじぞう』のまちがい探《さが》しの答《こた》え

①かぶっているもの ②手《て》 ③かさの数《かず》 ④はきもの ⑤もよう

p36_4

p36_2

p36_5

日本《にっぽん》・世界《せかい》のお話《はなし》カード

おじいさんにかさをもらったじぞうたちは……？

『かさじぞう』

昔《むかし》、山《やま》の村《むら》に、二人《ふたり》暮《ぐ》らしのおじいさんとおばあさんがいました。ある年《とし》の暮《く》れ、おじいさんは自分《じぶん》で作《つく》ったすげのかさを売《う》りに、町《まち》へ出《で》かけました。ところが、かさは一枚《まい》も売《う》れません。そのうち雪《ゆき》も降《ふ》ってきたため、おじいさんはあきらめて帰《かえ》ることにしました。

雪道《ゆきみち》を歩《ある》きながらふと立《た》ち止《ど》まると、じぞうが寒《さむ》そうに並《なら》んでいました。気《き》の毒《どく》に思《おも》ったおじいさんは、売《う》れ残《のこ》りのかさをじぞうにかぶせていきましたが一《ひと》つ足《た》りません。そこで、自分《じぶん》のかさを最後《さいご》のじぞうにかぶせて帰《かえ》りました。

その晩《ばん》、二人《ふたり》がねむっていると大《おお》きな音《おと》が。見《み》ると家《いえ》の前《まえ》には、米《こめ》やらもちやら大判《おおばん》小判《こばん》がざっくざく。そして、おじいさんのかさをかぶったじぞうたちが満足《まんぞく》そうに帰《かえ》っていく後《うし》ろ姿《すがた》がありました。

p36_6／p36_2t

お話《はなし》 まちがい探《さが》し 『金《きん》のがちょう』

末《すえ》っ子《こ》が持つ金《きん》のがちょうを先頭《せんとう》に、くっついて連《つら》なる人《ひと》の列《れつ》。何《なに》があっても笑《わら》わなかったおひめさまがそれを見《み》て……。

下《した》の２枚《まい》のイラストには５つのまちがいがあります。いくつ見《み》つけられるかな？

p37_1／p37_1t

p37_2

p37_3

『金《きん》のがちょう』のまちがい探《さが》しの答《こた》え

①ぼうし ②羽《はね》の数《かず》 ③石《いし》の大《おお》きさ ④リボン ⑤ねずみ

p37_4

p37_2

p37_5

日本《にっぽん》・世界《せかい》のお話《はなし》カード

心根《こころね》のよい、末《すえ》っ子《こ》だけに起《お》こった幸運《こううん》とは

『金《きん》のがちょう』

三人兄弟《にんきょうだい》がいました。そのうち末《すえ》っ子《こ》だけが間《ま》ぬけだと、みんなにばかにされていました。ある日《ひ》、森《もり》のこびとに親《しん》切《せつ》にした末《すえ》っ子《こ》だけが、金《きん》のがちょうをもらいました。

森《もり》からの帰《かえ》り、末《すえ》っ子《こ》がとまった宿《やど》の三姉妹《しまい》たちは、金《きん》のがちょうの羽《はね》をぬすもうとしました。ところが、がちょうを先頭《せんとう》に三人《にん》が順番《じゅんばん》にくっついてしまいました。そんなことは気《き》にせず、末《すえ》っ子《こ》が進《すす》んでいくと、牧師《ぼくし》や、ひゃくしょうまでがくっついて大行列《だいぎょうれつ》。

すると、だれも笑《わら》わせることができなかったおひめさまも、それを見《み》て大笑《おおわら》いし、見《み》事《ごと》笑《わら》わせた末《すえ》っ子《こ》はむこになることに。それが気《き》に入《い》らない王《おう》さまからの無理《むり》な注文《ちゅうもん》も、こびとの助《たす》けでするりとかわし、おひめさまとけっこんして幸《しあわ》せに暮《く》らしました。

p37_6／p37_2t

お話《はなし》 まちがい探《さが》し 『こびとのくつや』

夜《よる》のうちに立派《りっぱ》なくつができあがるのを不思議《ふしぎ》に思《おも》った二人《ふたり》は、仕事場《しごとば》をそっとのぞき見《み》るのでした。

下《した》の２枚《まい》のイラストには５つのまちがいがあります。いくつ見《み》つけられるかな？

p38_1／p38_1t

p38_2

p38_3

『こびとのくつや』のまちがい探《さが》しの答《こた》え

①穴《あな》の数《かず》 ②はさみ ③手《て》の上下《じょうげ》
④ぼうしがない ⑤針《はり》の数《かず》

p38_4

p38_2

p38_5

日本《にっぽん》・世界《せかい》のお話《はなし》カード

朝起《あさお》きるとすてきなくつができあがっています

『こびとのくつや』

あるところに、くつやを営《いとな》む貧《まず》しいおじいさんとおばあさんがいました。くつを作《つく》るためのかわが最後《さいご》の一足分《そくぶん》になり、切《き》り出《だ》したところでその日《ひ》の仕事《しごと》を終《お》えました。

次《つぎ》の日《ひ》起《お》きてみるとそこには立派《りっぱ》なくつができていました。くつは高《たか》く売《う》れ、そのお金《かね》でかわを買《か》い、くつ型《がた》に切《き》ったところで休《やす》みました。

起《お》きてみるとまたくつができています。どうしてくつができるのか、不思議《ふしぎ》に思《おも》い、夜中《よなか》に仕事場《しごとば》をのぞくと、そこにはくつを作《つく》っているこびとの姿《すがた》がありました。

二人《ふたり》はこびとのために小《ちい》さな洋服《ようふく》を作《つく》って仕事場《しごとば》に置《お》いておきます。こびとは洋服《ようふく》を見《み》つけると大喜《おおよろこ》び。そのままどこかに行《い》ってしまいました。こびとがいなくなってからもくつはよく売《う》れたそうです。

p38_6／p38_2t

お話《はなし》 まちがい探《さが》し 『こぶとりじいさん』

おにの楽《たの》しそうなえんかいに、いてもたってもいられなくなったおじいさん。陽気《ようき》なおどりでおにたちも大喜《おおよろこ》び！

下《した》の２枚《まい》のイラストには５つのまちがいがあります。いくつ見《み》つけられるかな？

p39_1／p39_1t

p39_2

p39_3

『こぶとりじいさん』のまちがい探《さが》しの答《こた》え

①音符《おんぷ》の向《む》き ②こぶの位置《いち》 ③歯《は》の数《かず》 ④ラベル ⑤角《つの》

p39_4

p39_2

p39_5

日本《にっぽん》・世界《せかい》の お話《はなし》カード

大《おお》きなこぶは どうなるのかな？

『こぶとりじいさん』

昔《むかし》むかし、ほおに大《おお》きなこぶを持《も》つおじいさんが二人《ふたり》おりました。

ある日《ひ》、右《みぎ》のほおにこぶがあるいつも笑顔《えがお》のおじいさんが、おにのえんかいにでくわしました。そして、あまりに楽《たの》しそうでつい、おにの輪《わ》の中《なか》におどり出《で》てしまいました。

そのおどりの上手《じょうず》なこと。おには大喜《おおよろこ》びし「明日《あす》も来《き》てほしいのでこぶを預《あず》かっておこう」と、おじいさんの大《おお》きなこぶをスポンと取《と》りました。

次《つぎ》の日《ひ》、それを知《し》った、左《ひだり》のほおに大《おお》きなこぶを持《も》つ、いつもむすっとしているおじいさんが、よしおれも！とおにのえんかいにおどり出《で》ると、そのおどりのへたくそなこと。おにはおこって、昨日《きのう》取《と》ったこぶを、おじいさんのほおにくっつけてしまい、こぶが二《ふた》つになってしまいましたとさ。

p39_6／p39_2t

お話《はなし》 まちがい探《さが》し『したきりすずめ』

欲《よく》ばりなおばあさんが持《も》ち帰《かえ》ったのは、大《おお》きなつづら。どんな宝物《たからもの》が入《はい》っているのかと開《あ》けると、カエルやお化《ば》けが！

下《した》の2枚《まい》のイラストには5つのまちがいがあります。いくつ見《み》つけられるかな？

p40_1／p40_1t

p40_2

p40_3

『したきりすずめ』のまちがい探《さが》しの答《こた》え

①すずめ ②人《ひと》だま ③つづらのふた ④つづらの文様《もんよう》 ⑤着物《きもの》のあわせ

p40_4

p40_2

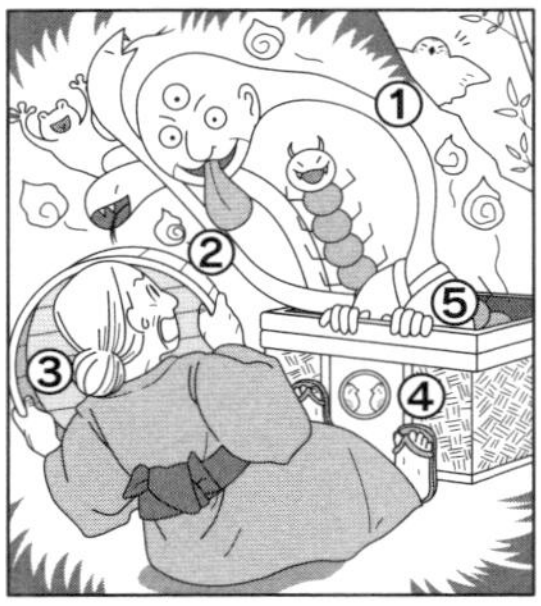

p40_5

日本《にっぽん》・世界《せかい》のお話《はなし》カード

大《おお》きいつづらと小《ちい》さいつづら どちらを選《えら》ぶ？

『したきりすずめ』

おじいさんとおばあさんが一羽《わ》のすずめを飼《か》っていました。ある時《とき》、すずめがせんたくののりを食《た》べてしまい、おこったおばあさんは、すずめの舌《した》を切《き》りました。すずめは泣《な》き泣《な》き、飛《と》んでいきました。

それを知《し》ったおじいさんは、牛飼《うしか》いなどにたずねながら、すずめの家《いえ》を探《さが》し出《だ》します。すずめは、おばあさんの仕打《しう》ちをわびるおじいさんをもてなし、帰《かえ》りぎわ、おみやげに大《おお》きいつづらと小《ちい》さいつづらを選《えら》ばせました。小《ちい》さい方《ほう》をもらったおじいさんが家《いえ》で開《あ》けてみると、中《なか》からは宝物《たからもの》が山《やま》のよう。それを見《み》て、欲《よく》に目《め》がくらんだおばあさん。さっそくすずめの所《ところ》へ行《い》って大《おお》きい方《ほう》をもらいましたが、中《なか》からはヘビにカエル、お化《ば》けが飛《と》び出《だ》してきて、こしをぬかしてしまいました。

p40_6／p40_2t

お話《はなし》 まちがい探《さが》し『鉢《はち》かづきひめ』

鉢《はち》をかぶったむすめはみんなのつまはじき。けれども、おやしきのむすこは、まじめに働《はたら》くむすめを気《き》に入《い》りました。

下《した》の２枚《まい》のイラストには５つのまちがいがあります。いくつ見《み》つけられるかな？

p41_1／p41_1t

p41_2

p41_3

『鉢《はち》かづきひめ』のまちがい探《さが》しの答《こた》え

①天井《てんじょう》 ②えぼし ③しっぽ ④まきの数《かず》 ⑤ひしゃく

p41_4

p41_2

p41_5

日本《にっぽん》・世界《せかい》のお話《はなし》カード

鉢《はち》をかぶせられたむすめの運命《うんめい》は？

『鉢《はち》かづきひめ』

病気《びょうき》だった長者《ちょうじゃ》のおくさんがいまわの際《きわ》にむすめを呼《よ》びました。そしてむすめの頭《あたま》に大《おお》きな鉢《はち》をかぶせると、そのままなくなってしまいました。

頭《あたま》の鉢《はち》はどうやっても取《と》れません。やがて長者《ちょうじゃ》のもとには新《あたら》しいおくさんがきましたが、そのおくさんはむすめをきらい、追《お》い出《だ》してしまいました。

行《い》くあてのないむすめは川《かわ》に身《み》を投《な》げました。けれど鉢《はち》のおかげでしずみません。助《たす》けられたむすめは、貴族《きぞく》の家《いえ》で働《はたら》くことになりました。

むすめは気《き》だてもよくて働《はたら》き者《もの》。その家《いえ》のむすこが見《み》そめましたが、家族《かぞく》は大反対《だいはんたい》。二人《ふたり》が仕方《しかた》なく家《いえ》を出《で》ようとした時《とき》、むすめの頭《あたま》から鉢《はち》が取《と》れました。しかも鉢《はち》の中《なか》からは宝物《たからもの》がざくざく。みんなに認《みと》められて、二人《ふたり》はけっこんして幸《しあわ》せになりました。

p41_6／p41_2t

お話《はなし》 まちがい探《さが》し
『ぶんぶく茶《ちゃ》がま』

たぬきが化《ば》けた「茶《ちゃ》がま」の見事《みごと》なつなわたりに、集《あつ》まったお客《きゃく》さんたちは、はくしゅかっさい、大盛《おおも》り上《あ》がり！

下《した》の２枚《まい》のイラストには５つのまちがいがあります。いくつ見《み》つけられるかな？

p42_1／p42_1t

p42_2

p42_3

『ぶんぶく茶《ちゃ》がま』のまちがい探《さが》しの答《こた》え

①せんす ②ほのお ③花《はな》びらの向《む》き ④お客《きゃく》 ⑤幕《まく》のしわ

p42_4

p42_2

p42_5

日本《にっぽん》・世界《せかい》のお話《はなし》カード

茶《ちゃ》がまから手《て》、足《あし》、しっぽがにょきっと生《は》えて……

『ぶんぶく茶《ちゃ》がま』

昔《むかし》、貧《まず》しい男《おとこ》が、わなにかかって苦《くる》しんでいるたぬきを助《たす》けてやりました。

その晩《ばん》、たぬきは男《おとこ》のところにやってきて茶《ちゃ》がまに化《ば》け、「お礼《れい》に、茶《ちゃ》がま（自分《じぶん》）を売《う》ってお金《かね》にかえてください」と申《もう》し出《で》ます。早速《さっそく》、男《おとこ》はおしょうに茶《ちゃ》がまを売《う》りました。

さて、おしょうが寺《てら》に茶《ちゃ》がまを持《も》ち帰《かえ》り火《ひ》にかけたところ、なんとたぬきは熱《あつ》くてがまんしきれず、半分《はんぶん》もとの姿《すがた》にもどってしまいます。

そのままの姿《すがた》で男《おとこ》のもとへにげ帰《かえ》ったたぬきは、今度《こんど》こそ恩返《おんがえ》しをと、つなわたりをする茶《ちゃ》がまの見世物小屋《みせものごや》を開《ひら》くように提案《ていあん》します。するとどうでしょう。見世物小屋《みせものごや》は大評判《だいひょうばん》！　男《おとこ》はお金持《かねも》ちになり、たぬきもみなに喜《よろこ》ばれることでさびしい思《おも》いをしなくて済《す》むようになりましたとさ。

p42_6／p42_2t

お話《はなし》 まちがい探《さが》し

『ホレおばさん』

むすめは、困《こま》っているリンゴの木《き》やパンを助《たす》け、ホレおばさんの家《いえ》でも骨《ほね》おしみをせずにお手伝《てつだ》いをしました。

下《した》の２枚《まい》のイラストには５つのまちがいがあります。いくつ見《み》つけられるかな？

p43_1／p43_1t

p43_2

p43_3

『ホレおばさん』のまちがい探《さが》しの答《こた》え

①木《き》の枝《えだ》のはば ②糸巻《いとま》き ③けむり ④雪《ゆき》 ⑤三《み》つ編《あ》みの編《あ》み目《め》

p43_4

p43_2

p43_5

日本《にっぽん》・世界《せかい》のお話《はなし》カード

働《はたら》き者《もの》のむすめには
ごほうびが……

『ホレおばさん』

ある村《むら》の働《はたら》き者《もの》のむすめが、うっかり糸巻《いとま》きを泉《いずみ》に落《お》としてしまいました。意地悪《いじわる》なまま母《はは》はむすめに糸巻《いとま》きをとってくるように命《めい》じます。仕方《しかた》なくむすめは泉《いずみ》に飛《と》びこみました。

気《き》がつくとそこは明《あか》るい野原《のはら》。むすめは歩《ある》いていく途中《とちゅう》で困《こま》っているパンやリンゴの木《き》を助《たす》け、やがて不思議《ふしぎ》なホレおばさんの家《いえ》に着《つ》きました。おばさんの家《いえ》で一生《いっしょう》けんめい手伝《てつだ》いをすると、おばさんはごほうびに金《きん》の服《ふく》をくれ、家《いえ》に帰《かえ》してくれました。

立派《りっぱ》になったむすめを見《み》て、まま母《はは》は、自分《じぶん》のむすめも泉《いずみ》に飛《と》びこませます。ところが、なまけ者《もの》のむすめは、泉《いずみ》のむこうの世界《せかい》でだれも助《たす》けず、働《はたら》こうともしません。ホレおばさんはなまけもののむすめをタールまみれにして家《いえ》に送《おく》り返《かえ》しました。

p43_6／p43_2t

お話《はなし》 まちがい探《さが》し 『食《く》わずにょうぼう』

次《つぎ》つぎとにぎり飯《めし》を放《ほう》っては、頭《あたま》の大《おお》きな口《くち》でぱくぱくと食《た》べる女《おんな》。それを見《み》た男《おとこ》は、がたがたとふるえ出《だ》し……。

下《した》の２枚《まい》のイラストには５つのまちがいがあります。いくつ見《み》つけられるかな？

p44_1／p44_1t

p44_2

p44_3

『食《く》わずにょうぼう』のまちがい探《さが》しの答《こた》え

①えぼし ②たきぎ ③みかん
④台《だい》の長《なが》さ ⑤かみの長《なが》さ

p44_4

p44_2

p44_5

日《にっ》本《ぽん》・世《せ》界《かい》の
お話《はなし》カード

ご飯《はん》を食《た》べずに働《はたら》くよめ
その正体《しょうたい》は？

『食《く》わずにょうぼう』

欲《よく》ばりな男《おとこ》がいました。ある時《とき》、「よく働《はたら》いて飯《めし》を食《く》わないよめが欲《ほ》しい」と言《い》っていて、その通《とお》りのよめをもらいました。喜《よろこ》んだ男《おとこ》ですが、なぜか米《こめ》は減《へ》る一方《いっぽう》。男《おとこ》は不思《ふし》議《ぎ》に思《おも》い、ある日《ひ》、山《やま》へ行《い》くふりをして天井《てんじょう》からそっとよめの様子《ようす》をのぞくことに。

さて、よめはかまでにぎり飯《めし》をたっぷり作《つく》ると、長《なが》いかみをほどきました。するとそこには大《おお》きな口《くち》があり、にぎり飯《めし》を食《た》べ始《はじ》めたのです。

おどろいた男《おとこ》。しかし女《おんな》に化《ば》けたやまんばは男《おとこ》を食《た》べようとおけに入《い》れ、山《やま》へと走《はし》り出《だ》します。途中《とちゅう》、男《おとこ》はおけの上《うえ》につき出《で》た枝《えだ》に必死《ひっし》でしがみつき、ショウブのしげみににげました。すると、ショウブの葉《は》は刀《かたな》になり男《おとこ》を守《まも》ってくれました。そうして、やまんばは死《し》んでしまいました。

p44_6／p44_2t

お話《はなし》 まちがい探《さが》し
『ごきぶりのおじょうさん』

おむこさん候補《こうほ》のお金持《かねも》ちをたずねて旅《たび》に出《で》たごきぶりのおじょうさんは、やさしいねずみに出会《であ》いました。
下《した》の２枚《まい》のイラストには５つのまちがいがあります。いくつ見《み》つけられるかな？

p45_1／p45_1t

p45_2

p45_3

『ごきぶりのおじょうさん』のまちがい探《さが》しの答《こた》え

①花《はな》 ②石《いし》の形《かたち》 ③地面《じめん》の高《たか》さ ④しょっかくの位置《いち》 ⑤スカーフの重《かさ》なり

p45_4

p45_2

p45_5

日本《にっぽん》・世界《せかい》のお話《はなし》カード

ごきぶりはどうして黒《くろ》いのでしょう

『ごきぶりのおじょうさん』

ごきぶりのおじょうさんが、別《べつ》の町《まち》のお金持《かねも》ちの家《いえ》を目指《めざ》してでかけました。およめさんにしてもらうためです。

ところがおめかしをしたおじょうさんに、道《みち》ばたの商人《しょうにん》が次《つぎ》つぎと「けっこんしてください」。でも、みんな夫婦《ふうふ》げんかの時《とき》にはおじょうさんを道具《どうぐ》でぶつと言《い》います。

そんな相手《あいて》はおことわり。

さらにずんずん先《さき》へ歩《ある》いていくと、一ぴきのねずみに出会《であ》いました。ねずみがとてもやさしかったので、おじょうさんはねずみとけっこんしました。ところがある日《ひ》、かぜをひいたおじょうさんのためにスープを作《つく》っていたねずみは、うっかりその中《なか》に落《お》ちて死《し》んでしまいました。

ごきぶりが真《ま》っ黒《くろ》なのは、今《いま》もだんなさんのために喪服《もふく》を着《き》ているからなのです。

p45_6／p45_2t

お話《はなし》まちがい探《さが》し『三枚《まい》のおふだ』

やまんばがものすごい勢《いきお》いで追《お》いかけてきました。小僧《こぞう》は、おふだに願《ねが》いをこめて「えいや」と投《な》げつけました。

下《した》の２枚《まい》のイラストには５つのまちがいがあります。いくつ見《み》つけられるかな？

p46_1／p46_1t

p46_2

p46_3

『三枚《まい》のおふだ』のまちがい探《さが》しの答《こた》え

①おふだのもよう ②うでの角度《かくど》
③足《あし》 ④かみの毛《け》 ⑤葉《は》の数《かず》

p46_4

p46_2

p46_5

日本《にっぽん》・世界《せかい》の
お話《はなし》カード

小僧《こぞう》はやまんばから
にげ切《き》れるのかな？

『三枚《まい》のおふだ』

昔《むかし》、寺《てら》の小僧《こぞう》が山《やま》に行《い》き、そうとは知《し》らずにとめてもらったのはやまんばの家《いえ》でした。やまんばだと気《き》づいた小僧《こぞう》は、小便《しょうべん》がしたいとうそをついて便所《べんじょ》へ行《い》き、おしょうからお守《まも》りに持《も》たされた三枚《まい》のふだのうちの一枚《まい》に身代《みが》わりをたのみにげました。するとすぐにやまんばは、うそを見破《みやぶ》り追《お》いかけてきました。

次《つぎ》に小僧《こぞう》が「大《だい》の川出《かわで》ろ」とふだを投《な》げると大《おお》きな川《かわ》が出《で》ましたが、やまんばはぐびっと飲《の》み干《ほ》してしまいました。「火《ひ》の海出《うみで》ろ」と三枚目《まいめ》のふだを投《な》げて出《で》た火《ひ》の海《うみ》も、やまんばはさっき飲《の》んだ川《かわ》の水《みず》をはいて消《け》してしまいました。

寺《てら》ににげ帰《かえ》った小僧《こぞう》はおしょうに助《たす》けを求《もと》めます。おしょうはわざ比《くら》べをもちかけ、豆《まめ》に化《ば》けたやまんばを、ぺろりと食《た》べてしまいましたとさ。

p46_6／p46_2t

お話《はなし》 まちがい探《さが》し
『スガンさんのやぎ』

スガンさんは若《わか》いやぎを長《なが》いひもにつないで飼《か》うことにしました。そうすればにげたくならないだろうと考《かんが》えたのです。

下《した》の２枚《まい》のイラストには５つのまちがいがあります。いくつ見《み》つけられるかな？

p47_1／p47_1t

p47_2

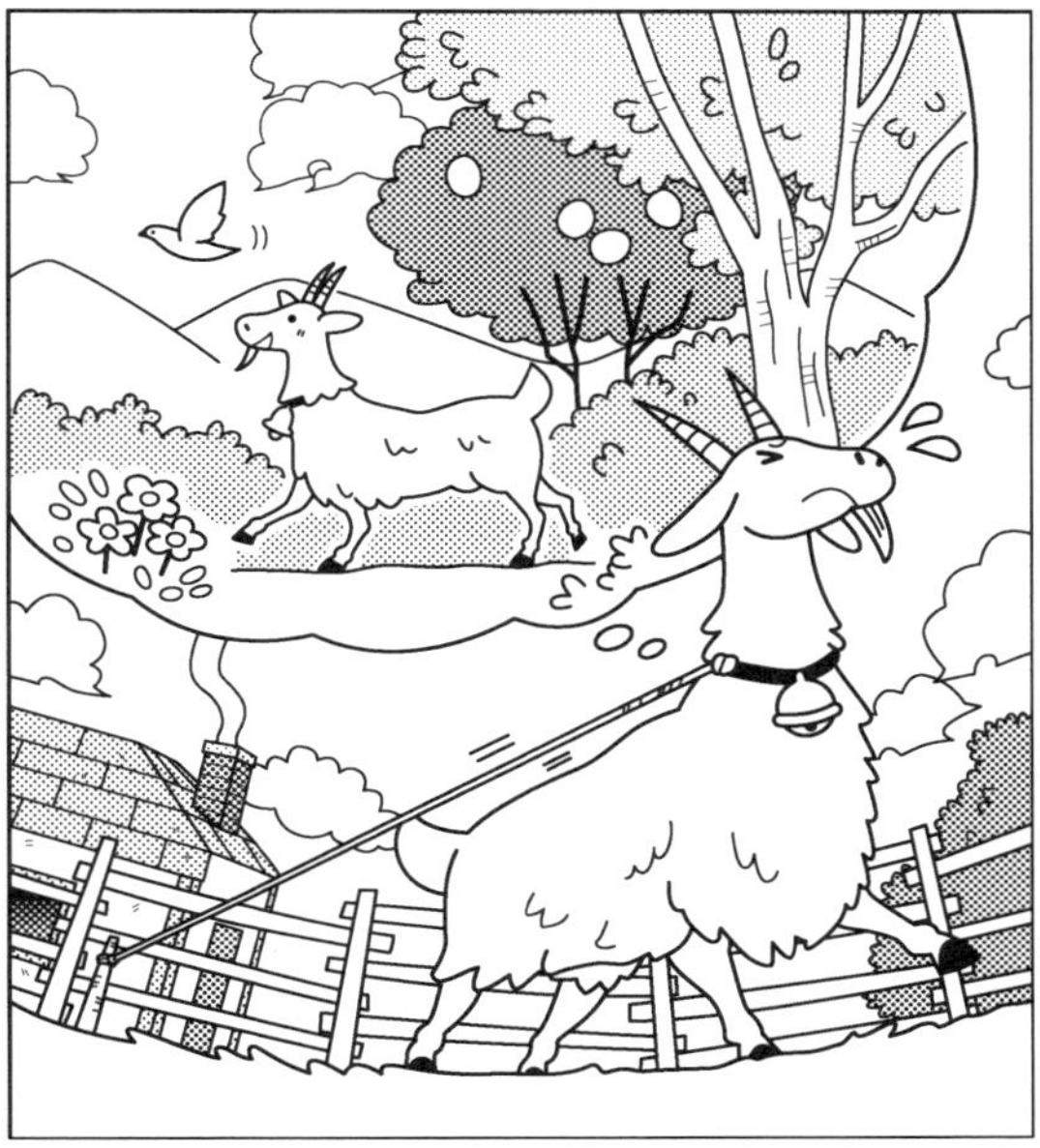

p47_3

『スガンさんのやぎ』のまちがい探《さが》しの答《こた》え

①鳥《とり》 ②木《き》の実《み》 ③雲《くも》の位置《いち》 ④すず ⑤けむり

p47_4

p47_2

p47_5

日本《にっぽん》・世界《せかい》のお話《はなし》カード

自由《じゆう》になる
ということは……

『スガンさんのやぎ』

飼《か》っていたやぎを次《つぎ》つぎにおおかみに食《た》べられてしまったスガンさん。今度《こんど》はうんと若《わか》いやぎを手《て》に入《い》れました。そして、それまでのやぎのようにおおかみが出《で》る山《やま》に行《い》きたいと言《い》い出《だ》さないよう、大《たい》切《せつ》に大切《たいせつ》に育《そだ》てたのです。

ところが、このやぎもこんなことを言《い》い出《だ》しました。

「スガンさん、わたしを自由《じゆう》にしてください。あの山《やま》に行《い》きたいんです」

スガンさんがいくらおおかみの危険《きけん》について話《はな》してもだめ。やぎはすきを見《み》てにげ、山《やま》に行《い》ってしまいました。

自由《じゆう》になったやぎは大喜《おおよろこ》び。でも日《ひ》が暮《く》れると案《あん》の定《じょう》おおかみが現《あらわ》れました。やぎは小《ちい》さな角《つの》で立《た》ち向《む》かい、一晩中《ひとばんじゅう》戦《たたか》ったのですが……。

夜明《よあ》け前《まえ》、とうとうやぎは食《た》べられてしまいました。

p47_6／p47_2t

お話《はなし》 まちがい探《さが》し 『のっぺらぼう』

　のっぺらぼうの女《おんな》を見《み》ていちもくさんににげ出《だ》した商人《しょうにん》が、そば屋《や》の屋台《やたい》にかけこみ、店主《てんしゅ》に声《こえ》をかけると……。

　下《した》の２枚《まい》のイラストには５つのまちがいがあります。いくつ見《み》つけられるかな？

p48_1／p48_1t

p48_2

p48_3

『のっぺらぼう』のまちがい探《さが》しの答《こた》え

①かみがた ②すそ ③そで ④かんばん ⑤屋根《やね》

p48_4

p48_2

p48_5

日本《にっぽん》・世界《せかい》のお話《はなし》カード

ふり向《む》いた顔《かお》が
つるんっ

『のっぺらぼう』

　ある晩商人《ばんしょうにん》が、真《ま》っ暗《くら》でさびしい坂道《さかみち》を上《のぼ》っていました。すると途中《とちゅう》で、女《おんな》が一人《ひとり》、さめざめと泣《な》いています。商人《しょうにん》は事情《じじょう》を聞《き》こうと話《はな》しかけますが、女《おんな》は泣《な》くばかり。しかし、しばらくするととつぜん泣《な》き止《や》み、くるっとふり向《む》きました。なんと女《おんな》の顔《かお》は、目《め》も鼻《はな》も口《くち》もないのっぺらぼう。

「で、出《で》た――っ！」、とさけんで商人《しょうにん》はにげ出《だ》しました。

　夢中《むちゅう》で走《はし》り続《つづ》けた商人《しょうにん》は、遠《とお》くに明《あ》かりを見《み》つけました。そば屋《や》の屋台《やたい》でした。商人《しょうにん》は店主《てんしゅ》のあしもとに転《ころ》がりこむと、息《いき》もとぎれとぎれに、のっぺらぼうの女《おんな》の話《はなし》をしました。すると洗《あら》い物《もの》をしていた店主《てんしゅ》が「こんな顔《かお》でしたかい？」とくるりとふり向《む》くと、なんと、その顔《かお》ものっぺらぼう。とたんに屋台《やたい》の明《あ》かりが、ふっと消《き》えましたとさ。

p48_6／p48_2t

お話《はなし》 まちがい探《さが》し『ハーメルンの笛《ふえ》ふき』

笛《ふえ》ふき男《おとこ》が笛《ふえ》の音《ね》をひびかせたとたん、町中《まちじゅう》の子《こ》どもたちがうれしそうにあとをついていってしまい……。

下《した》の２枚《まい》のイラストには５つのまちがいがあります。いくつ見《み》つけられるかな？

p49_1／p49_1t

p49_2

p49_3

『ハーメルンの笛《ふえ》ふき』のまちがい探《さが》しの答《こた》え

①れんがの線《せん》 ②笛《ふえ》の形《かたち》 ③石《いし》の大《おお》きさ ④くつ ⑤窓《まど》

p49_4

p49_2

p49_5

日本《にっぽん》・世界《せかい》のお話《はなし》カード

きみょうなかっこうの笛《ふえ》ふき男《おとこ》が笛《ふえ》をふくと……

『ハーメルンの笛《ふえ》ふき』

昔《むかし》、ドイツのハーメルンという町《まち》で、大量《たいりょう》に増《ふ》えたねずみが人《ひと》びとをなやませていました。するとある日《ひ》、派手《はで》な色合《いろあ》いの服《ふく》を身《み》にまとった男《おとこ》が現《あらわ》れ、「大金《たいきん》をくれるならねずみを退治《たいじ》する」と言《い》ってきました。町《まち》の人《ひと》びとはそれを約束《やくそく》しました。

そして男《おとこ》が笛《ふえ》をふくと、町《まち》中《じゅう》のねずみが集《あつ》まってきて、男《おとこ》が歩《ある》いていった川《かわ》に次《つぎ》つぎと落《お》ちていき、全部退治《ぜんぶたいじ》できました。しかし、見事《みごと》に約束《やくそく》を守《まも》った男《おとこ》に、町《まち》の人《ひと》はお金《かね》をはらいませんでした。

一度《いちど》は姿《すがた》を消《け》した男《おとこ》でしたが、再《ふたた》び現《あらわ》れてあの笛《ふえ》をふくと、今度《こんど》は町中《まちじゅう》の子《こ》どもたちが家《いえ》から出《で》てきて男《おとこ》のあとをついていきました。そしてほら穴《あな》に入《はい》っていくと、穴《あな》はふさがれ、そのまま全員《ぜんいん》消《き》えてしまいましたとさ。

p49_6／p49_2t

お話《はなし》 まちがい探《さが》し『耳《みみ》なし芳一《ほう いち》』

悪《わる》い霊《れい》から芳一《ほういち》を守《まも》るため、おしょうさんは芳一《ほういち》の体中《からだじゅう》にお経《きょう》をびっしり書《か》きこむのですが……。

下《した》の２枚《まい》のイラストには５つのまちがいがあります。いくつ見《み》つけられるかな？

p50_1／p50_1t

p50_2

p50_3

『耳《みみ》なし芳一《ほう いち》』のまちがい探《さが》しの答《こた》え

①かけじく ②琵琶《びわ》の半月《はんげつ》 ③帯《おび》の結《むす》び目《め》 ④足《あし》のお経《きょう》 ⑤しきいの高《たか》さ

p50_4

p50_2

p50_5

日本《にっぽん》・世界《せかい》のお話《はなし》カード

戦《いくさ》に敗《やぶ》れた武士《ぶし》の霊《れい》に取《と》りつかれた芳一《ほういち》は……

『耳《みみ》なし芳一《ほう いち》』

昔《むかし》、芳一《ほういち》という琵琶語《びわがた》りがとても上手《じょうず》な法師《ほうし》がいました。ある夏《なつ》の夜《よる》。目《め》の不自由《ふじゆう》な芳一《ほういち》が琵琶《びわ》の練習《れんしゅう》をしていると武士《ぶし》が現《あらわ》れ、主人《しゅじん》のために琵琶《びわ》をひいてほしいと言《い》います。屋敷《やしき》へと連《つ》れていかれた芳一《ほういち》が、琵琶《びわ》をひき語《がた》ると、主人《しゅじん》はたいそう喜《よろこ》び、また明日《あす》の晩《ばん》来《く》るように言《い》いました。

明《あ》くる晩《ばん》、どこかへでかけていく芳一《ほういち》を不思議《ふしぎ》に思《おも》った寺《てら》の男《おとこ》があとをつけると、なんと芳一《ほういち》が墓地《ぼち》の中《なか》で琵琶《びわ》をひいているではありませんか。

おしょうさんは霊《れい》に取《と》りつかれた芳一《ほういち》の体中《からだじゅう》にお経《きょう》を書《か》いてやりました。その晩《ばん》、やってきた武士《ぶし》の霊《れい》は、なんと芳一《ほういち》の耳《みみ》をちぎって消《き》えました。お経《きょう》を書《か》き忘《わす》れた耳《みみ》だけが見《み》えていたのです。

でも、芳一《ほういち》の耳《みみ》の傷《きず》はすぐよくなったそうですよ。

p50_6／p50_2t

お話《はなし》 まちがい探《さが》し 『ゆきおんな』

おそろしい目《め》をした白《しろ》ずくめの美《うつく》しい女《おんな》が、ねむっている父親《ちちおや》に息《いき》をふきかけようとするのを見《み》たむすこは……。

下《した》の２枚《まい》のイラストには５つのまちがいがあります。いくつ見《み》つけられるかな？

p51_1／p51_1t

p51_2

p51_3

『ゆきおんな』のまちがい探《さが》しの答《こた》え

①雪《ゆき》の位置《いち》 ②かみの毛《け》 ③火《ひ》の形《かたち》 ④指先《ゆびさき》 ⑤しきものの長《なが》さ

p51_4

p51_2

p51_5

日本《にっぽん》・世界《せかい》の お話《はなし》カード

ゆきおんなとの約束《やくそく》を破《やぶ》った時《とき》には……

『ゆきおんな』

ある吹雪《ふぶき》の日《ひ》、帰《かえ》れなくなった木《き》こりの親子《おやこ》が山《やま》の小屋《こや》ににげこみました。その夜《よ》、むすこが目覚《めざ》めると、白《しろ》ずくめの女《おんな》が、ねている父親《ちちおや》の顔《かお》に息《いき》をふきかけていました。父親《ちちおや》はこごえ死《し》んでいました。女《おんな》はむすこに言《い》いました。「お前《まえ》は助《たす》けてやろう。そのかわり、今夜《こんや》のことをだれかに話《はな》せば命《いのち》はない」と。

数年後《すうねんご》、むすこは「お雪《ゆき》」という色白《いろじろ》で美《うつく》しい女性《じょせい》とけっこんし、子《こ》どもをもうけます。お雪《ゆき》は不思議《ふしぎ》なことに年《とし》をとらないようでした。ある夜《よ》、むすこはお雪《ゆき》に吹雪《ふぶき》の夜《よ》のできごとを話《はな》しました。するとお雪《ゆき》はとつぜん立《た》ち上《あ》がり「約束《やくそく》を破《やぶ》ったわね。わたしがあの時《とき》の女《おんな》よ。でもあなたは子《こ》どもの父親《ちちおや》だから……」と、みるみるとけて白《しろ》いきりになり消《き》えてしまいました。

p51_6／p51_2t

学校図書館からの声

本書は、(株)少年写真新聞社の『小学図書館ニュース』(小学校対象)、『図書館教育ニュース』(中学校・高校対象)解説付録の連載がもとになっています。読者からたくさんの感想をいただいているので、その声の一部をご紹介します。

・拡大して掲示していると、子どもたちの輪ができています。(小学校、図書館担当)

・図書室前に掲示しました。休み時間に「あった！」という声がよく聞こえてきます。一緒にその本を展示しています。間違い探しを入り口に、本に親しむきっかけとなっています。(小学校、学校司書)

・拡大して取り組ませていただいています。とっても好評です。(小学校、図書館指導員)

・毎号楽しみにしています。図書だよりに使用しています。子どもたちが図書だよりを楽しみにしてくれたらいいなと思っています。(小学校、司書)

・本の紹介に使えるのでうれしいです。(小学校、図書館担当)

・紹介文が生徒も読みやすく、また作品が気になる文章でよいです。(中学校、図書館司書)

・おかげで、いろいろ知らない作品を知ることが出来ました！(中学校、司書)

・今年度も大活躍でした。生徒だけでなく先生方もリラックスして楽しんでいます。気分転換に最高ですね。(中学校、司書)

・毎回、待っている生徒がいます。(中学校、司書)

・文字を読むことが好きではない生徒でも手に取ってくれるような図書だよりにするために、利用しています。(高校、司書教諭)

・今回「ボッコちゃん」が取り上げられていてよかったです。生徒に読みたいと言われていたのですが、私は読んだことがなく、すぐに読むことができなくて困っていました。しかし、タイミングよく載っていたことで対応することができました。ありがとうございました。(高校、司書教諭)

・いつも活用しています。今後出版予定があればぜひ CD-ROM のデータつきだと嬉しいです。(高校、学校司書)

文学編

『首飾り』
文学まちがい探し

下の２枚の絵の違いを５か所見つけてください

友人フォレスチエ夫人から借りた首飾りを無くしたばかりに、莫大《ばくだい》な借金をしたマチルド。10年ぶりに再会し、すっかり面変わりした彼女が事情を話すと、夫人は驚いてある事実を告げたのです。

p54_1／p54_1t

p54_2

p54_3

『首飾り』のまちがい探しの答え

①ドアの模様 ②頭の花 ③帽子 ④かごの中 ⑤靴下の柄

p54_4

p54_2

p54_5

『首飾り』
ギイ・ド・モーパッサン

マチルドは魅力的な女。ごく普通の小役人と結婚したのですが、上流階級に強い憧れが。

ある晩、夫が舞踏会の招待状を持ち帰ります。夫の貯金を使ってなんとかドレスはあつらえましたが、アクセサリーまでは手が届きません、そこで彼女は、友人からダイヤモンドの首飾りを借りることにしました。

ところがその首飾りを紛失。仕方なく彼女は莫大《ばくだい》な借金をしてそっくりの品を買い、素知らぬ顔で友人に返却しました。

借金返済のため、夫婦は一〇年の間必死で働きました。そしてある日、生活にやつれた彼女は首飾りを貸してくれた友人に再会します。そこで彼女はある事実を知るのでした。

著者、モーパッサン（一八五〇〜一八九三）はフランスの自然主義文学を代表する作家。フロベールに師事し、ゾラなどとも交流。『女の一生』『脂肪の塊』などが代表作です。六編の長編、三〇〇以上の中短編のほか、旅行記や戯曲なども残しましたが、自殺未遂を起こし、収容先の精神病院で亡くなりました。

p54_6／p54_2t

『小僧の神様』
文学まちがい探し

下の２枚の絵の違いを５か所見つけてください

志賀直哉の代表作として知られる『小僧の神様』。秤《はかり》屋《や》で奉公をしている仙吉は、うまい鮨《すし》を一度食べてみたいと思っていました。ある時、とある客から思いがけず鮨をごちそうになります。読後に独特の余韻を残す短編です。

p55_1／p55_1t

p55_2

p55_3

『小僧の神様』のまちがい探しの答え

①醤油《しょうゆ》さしの口 ②小僧の口 ③すしおけの数 ④敷居の有無 ⑤机の脚の太さ

p55_4

p55_2

p55_5

『小僧の神様』
志賀直哉

秤屋《はかりや》で奉公をしている小僧の仙吉は、番頭たちの話に聞いた鮨屋《すしや》にいつか行ってみたいものだと思っていました。ある時、使いの帰り道に、思い切って鮨屋に入ってみるも、金が足りずに鮨を食べることができません。鮨屋の客で、その様子を見ていた貴族院議員のAは、後に秤屋で仙吉を見かけ、鮨屋に連れていってやります。鮨をおごってやったAは逃げるように帰った後で、なにか寂しいような気持ちにさせられるのでした。一方、思いがけず鮨を食べさせてもらった仙吉は、Aが神様なのではないかと思います。

作者の志賀直哉（一八八三〜一九七一）は、簡潔な描写と端正な文体で知られる、日本を代表する文豪。国語の教科書に掲載されている短編『城の崎にて』でもおなじみです。

本作はシンプルな筋立ての中に、仙吉の純粋で素朴な心や、善行に対するAの羞恥の意識が浮かび上がり、最後はなんともいえない余韻が残ります。

志賀直哉はこの作品にちなみ、「小説の神様」と呼ばれました。

p55_6／p55_2t

『賢者の贈り物』

文学まちがい探し

下の２枚の絵の違いを５か所見つけてください

デラの美しい長い髪を飾るためのべっ甲のくし、一族からジムが受け継いだ自慢の金の懐中時計にぴったり合うプラチナの鎖。クリスマスのプレゼントを贈り合った二人ですが、思わぬ結末にお互いに驚くのでした。

p56_1／p56_1t

p56_2

p56_3

『賢者の贈り物』のまちがい探しの答え

①雪の数 ②そで ③贈り物 ④マットの大きさ ⑤ストールの長さ

p56_4

p56_2

p56_5

『賢者の贈り物』

オー・ヘンリー

大都会ニューヨークの片隅でつつましく暮らしているジムとデラの夫婦。二人は相手にクリスマスの贈り物をしようと思いますが、お金のあてがありません。なんとか工面するために、二人は互いに内緒である行動を起こしますが……。幸せとは何か、「賢者」とは誰のことなのかを考えさせられる短編です。

オー・ヘンリー（一八六二～一九一〇）はアメリカの代表的な短編小説の名手です。

一八六二年にノースカロライナに生まれ、不動産業や製図係などの職に就きます。妻の死や銀行勤務時代に横領罪の罪に問われるなど、不遇の時期もありましたが、服役中に短編小説の執筆を始め、出所後はニューヨークで作家として成功します。短編小説と掌編小説を中心に三〇〇近い作品を残しますが病に倒れ、四七歳でこの世を去りました。

その作品には市井の人々の哀歓が温かいユーモアとほろ苦いペーソスとともに描かれています。代表作には『最後の一葉』『赤い酋長《しゅうちょう》の身代金』などがあります。

p56_6／p56_2t

「ジーヴス」シリーズ

文学まちがい探し

下の２枚の絵の違いを５か所見つけてください

　気は優しくて脳天気なイギリス上流階級の青年バーティーには、完全無欠の執事ジーヴスがついていました。「ジーヴス」シリーズは、様々なドタバタに巻き込まれるバーティーを、天才執事ジーヴスが救うユーモア小説です。

p57_1／p57_1t

p57_2

p57_3

「ジーヴス」シリーズのまちがい探しの答え

①帽子のリボン ②絵 ③スーツのボタンの数 ④人差し指の角度 ⑤ズボンの柄

p57_4

p57_2

p57_5

「ジーヴス」シリーズ

P・G・ウッドハウス

　オックスフォード大出の上流階級青年バーティーは、気はいいけれど、のほほんとしていてちょっと頼りない性格。やたら惚《ほ》れっぽい親友のビンゴや、独裁的なアガサ叔母さんといった人々に振り回されて、なぜかいつもドタバタに巻き込まれて……。そんなバーティーの問題を、完全無欠の執事ジーヴスが天才的頭脳で解決していきます。

　イギリスで長らく愛され続けるユーモア作家、P・G・ウッドハウス（一八八一～一九七五）の代表作ともいえるのが、この「ジーヴス」シリーズ。バーティーとジーヴスのコンビを主役にし、一一の長編と三〇を超える短編が書かれています。

　全編を通じて笑いを誘うのは、脳天気な若旦那バーティーに対する、執事ジーヴスの慇懃《いんぎん》かつ冷ややかな対応。バーティーの斬新なファッションを忌み嫌うジーヴスというのも、シリーズを通しての「お約束」です。

　また、とぼけた笑いの中に、二〇世紀初めのイギリス上流階級の生活や雰囲気が味わえるのもこのシリーズの魅力でしょう。

p57_6／p57_2t

『世間胸算用』
文学まちがい探し

下の２枚の絵の違いを５か所見つけてください

大晦日《おおみそか》、金を借りようと浪人の細君が質屋に持ち込んだのは、なんと長刀《なぎなた》のさや。「こんなものでは金は貸せない」と投げ返した質屋に、細君は「由緒ある品を投げるとは何事！」とごね始めます。

p58_1／p58_1t

p58_2

p58_3

『世間胸算用』のまちがい探しの答え

①小判 ②ねこの尻尾 ③長刀《なぎなた》のさや ④ふすまの絵 ⑤みかん

p58_4

p58_2

p58_5

『世間胸算用』
井原西鶴

元禄文化を文学の世界で代表する井原西鶴（一六四二〜一六九三）。生まれは大坂・難波の裕福な商家で、まずは俳諧師として名を知られました。

流行の軽妙な句を、機関銃のように吐き出すことができ、一昼夜で二万三五〇〇句という記録も持っています。

『世間胸算用』でも、こうした西鶴の生まれ、育ち、才能をうかがい知ることができます。

江戸時代、大きな商取引は、たいてい一二月末日決算でした。そのため、人々はそれぞれの立場で、この一日、東奔西走します。掛け取りの目をいかにごまかすか。それを見抜いて全額集金するにはどうするか……。

金策のための質屋での攻防や借金で試される家族の絆《きずな》、はては人間に欺かれる神様までが登場する五巻二〇話の物語。

活気あふれる大晦日《おおみそか》の町や生き生きとした人物の描写は、その世界に生まれ育った著者ならでは。そして落語のように笑わされる各話の展開には、俳諧師、西鶴の乾いたユーモアが生きています。

p58_6／p58_2t

『ドン・キホーテ』
文学まちがい探し

下の２枚の絵の違いを５か所見つけてください

セルバンテスの長編小説『ドン・キホーテ』は、自分を騎士だと思い込み遍歴の旅に出たドン・キホーテとその従者サンチョが繰り広げる冒険と騒動の物語。ドン・キホーテが風車を巨人と思い込み、突撃する場面が有名です。

p59_1／p59_1t

p59_2

p59_3

『ドン・キホーテ』のまちがい探しの答え

①雲の形 ②風車の向き ③盾 ④花 ⑤手の向き

p59_4

p59_2

p59_5

『ドン・キホーテ』
ミゲル・デ・セルバンテス

スペインのラ・マンチャ地方に暮らす郷士は、騎士道物語の読み過ぎで、いつしか自分も騎士であるという妄想に取りつかれてしまいました。自らドン・キホーテ・デ・ラ・マンチャと名乗って、やせ馬のロシナンテにまたがり、のん気で実直な農夫サンチョ・パンサをお供に、遍歴の旅へと出発します。ドン・キホーテにかかれば、風車は邪悪な巨人に、農家の田舎娘はうるわしの思い姫になってしまいます。先々で騒動を巻き起こす二人の旅の行方は……？

一七世紀初め、セルバンテス（一五四七～一六一六）によって書かれたこの物語。当時流行していた騎士道物語のパロディーであり、「最初の近代小説」と呼ばれ、後世の作家にも多大な影響を与えています。

若いころは兵士として戦争で英雄的な活躍をしたセルバンテスですが、海賊の捕虜になるなど、波乱万丈の生涯を送りました。五〇歳を過ぎてから仕事上の負債により投獄されますが、その獄中で『ドン・キホーテ』を構想したといわれています。

p59_6／p59_2t

『鼻』
文学まちがい探し

下の２枚の絵の違いを５か所見つけてください

　鼻をなくしたコワリョフは、街で見かけた五等官の格好をした立派な紳士が自分の鼻であると気がつきます。コワリョフは鼻を追いかけ、どぎまぎしながら、「もし、あなた……」と声をかけたのですが……。

p60_1／p60_1t

p60_2

p60_3

『鼻』のまちがい探しの答え

①帽子の飾り ②鳥の数 ③帽子の形 ④ハンカチの柄 ⑤ステッキ

p60_4

p60_2

p60_5

『鼻』
ニコライ・ゴーゴリ

　サンクトペテルブルクに住む八等官のコワリョフが朝早くに目覚めて鏡を見ると、自分の顔から鼻が消えていました。驚いたコワリョフは消えた鼻を探すために、ハンカチで顔を押さえながら、街へと飛び出します。

　コワリョフが通りをさまよっていると、一台の馬車がある家の玄関先に止まり、中から一人の紳士が姿を現します。驚くことに、その紳士こそがコワリョフのなくなった鼻でした。コワリョフは自分よりも身分の高い格好をした鼻の後を追いかけ、おずおずと声をかけますが、すげなくあしらわれて……。

　ゴーゴリ（一八〇九〜一八五二）は一九世紀初めのウクライナ生まれの作家で、一九歳の時にロシアのサンクトペテルブルクに移り、ロシア語で作家活動を開始しました。『死せる魂』などの小説や、戯曲『査察官』も有名。

　『鼻』で鼻をなくして右往左往するコワリョフのように、ゴーゴリは作品の中でいじましくも卑小な小市民の姿を、荒唐無稽で奇妙なユーモアとともに描き出しました。

p60_6／p60_2t

『ボッコちゃん』
文学まちがい探し

下の２枚の絵の違いを５か所見つけてください

美人のいろいろな要素を集めて作られた、完璧な外見のロボット、ボッコちゃんはバーのお客さんに大人気を博します。中でもある青年が彼女に熱を上げて、店に通いつめるのですが……。

p61_1／p61_1t

p61_2

p61_3

『ボッコちゃん』のまちがい探しの答え

①グラスの向き ②髪の毛 ③ビールの泡 ④グラスの飾り ⑤氷の数

p61_4

p61_2

p61_5

『ボッコちゃん』
星新一

バーのマスターが道楽で作ったロボット、ボッコちゃん。外見はすごい美人ですが、機能はお酒を飲むだけで、そっけない会話しかできません。ところが、美人でツンとした態度が受けるのか、ボッコちゃん目当ての客が次々にやってきて……。

星新一（一九二六～一九九七）は日本を代表するSF作家の一人です。生涯で一〇〇〇編を超える作品を残し「ショートショートの神様」と呼ばれました。シンプルで明快な文体でつづられた掌編には、奇想天外なアイデアが詰め込まれ、SFというより寓話《ぐうわ》のような味わいのものもあります。

また「電子頭脳」を「コンピュータ」に書き換えるなど、時代に合わせて修正も行い、長く読み継がれています。

代表作には『気まぐれロボット』などのショートショート集をはじめ、『人民は弱し官吏は強し』という実父の一代記もあります。氏の知られざる素顔を知りたい人には『星新一 一〇〇一話をつくった人』※という評伝がおすすめです。

※最相葉月 著　新潮社

p61_6／p61_2t

『失われた世界』
文学まちがい探し

下の２枚の絵の違いを５か所見つけてください

探検隊の一行は、焚《た》き火《び》を囲んで夕食用にぶたに似た小動物を焼いていました。その時、突然何かが暗がりから飛んでくると、肉をくわえて去っていきました。なんとそれは、巨大な翼竜だったのです。

p62_1／p62_1t

p62_2

p62_3

『失われた世界』のまちがい探しの答え

①ひげの形 ②くわえた物 ③葉巻
④スカーフの模様 ⑤たき木の節

p62_4

p62_2

p62_5

『失われた世界』
アーサー・コナン・ドイル

二〇世紀の初め、古生物学者のチャレンジャー教授は、南米の奥地に恐竜などの絶滅した生物が生息していると主張して、世間からペテン師扱いされていました。ある日、その真偽を確かめるため、チャレンジャー教授を筆頭に、彼と敵対する教授や世界的な冒険家、新聞記者などで探検隊を結成。勇敢で個性的な彼らはアマゾンの奥地に踏み込みます。果たして、秘境で待ち受ける冒険の行方は⁉

アーサー・コナン・ドイル（一八五九～一九三〇）は、名探偵「シャーロック・ホームズ」シリーズで有名な作家ですが、本作のようなＳＦや歴史小説なども書いています。

この小説の舞台の秘境は、南米のギアナ高地がモデルとのこと。当時発見されたこの土地から着想を得て、物語が生まれたそうです。

ドイルは、この作品によって推理小説だけではなく、『ジュラシック・パーク』※のような「ロスト・ワールド物」と呼ばれるテーマの元祖として、ＳＦの世界にも名を残しました。

※マイクル・クライトン 著 早川書房

p62_6／p62_2t

『黄金虫』

文学まちがい探し

下の２枚の絵の違いを５か所見つけてください

正気を失ったように興奮したルグランに命じられるまま、召し使いは木に登り、樹上に打ちつけられた髑髏《どくろ》の目から甲虫をつるします。この奇想天外な方法から導き出された場所に埋まっていたものとは……。

p63_1／p63_1t

p63_2

p63_3

『黄金虫』のまちがい探しの答え

①髑髏《どくろ》の角 ②クモ ③ネクタイ ④財宝の剣 ⑤犬の尻尾

p63_4

p63_2

p63_5

『黄金虫』

エドガー・アラン・ポー

物語の語り手「私」の友人、ルグランは、髑髏《どくろ》を思わせる模様があり、黄金色に輝く珍しい甲虫を見つけます。その甲虫について話している最中、偶然、彼はある秘密に気づきます。

ルグランの明晰《めいせき》な頭脳はそこから隠された暗号を導き出すとともにそれを鮮やかに解き明かし、彼と「私」は驚くべきものを発見するのでした。

暗号とその解読という、当時では珍しかったトリックは大いに話題になったそうです。

作者のエドガー・アラン・ポー（一八〇九～一八四九）は短編を中心に、論理的な心理描写と緻密に計算された展開を持つ作品を多く執筆しました。『黄金虫』『盗まれた手紙』『モルグ街の殺人』などは推理小説の原点ともいわれています。

一方、ポーには『黒猫』『赤死病の仮面』など、怪奇と恐怖に満ちた作品もあり、また詩人としても名高く、『大鴉《おおがらす》』『アナベル・リー』などを残しています。ポーは幻想と論理という二つの魅力を併せ持つ、一九世紀アメリカを代表する作家の一人です。

p63_6／p63_2t

『海底二万マイル』

文学まちがい探し

下の２枚の絵の違いを５か所見つけてください

バハマ諸島付近を航海中に、巨大タコの群れに襲われたノーチラス号。スクリューにタコが巻きつき、動けなくなってしまったノーチラス号は海面に浮上し、乗組員たちはおのを手にして勇敢に立ち向かうのでした。

p64_1／p64_1t

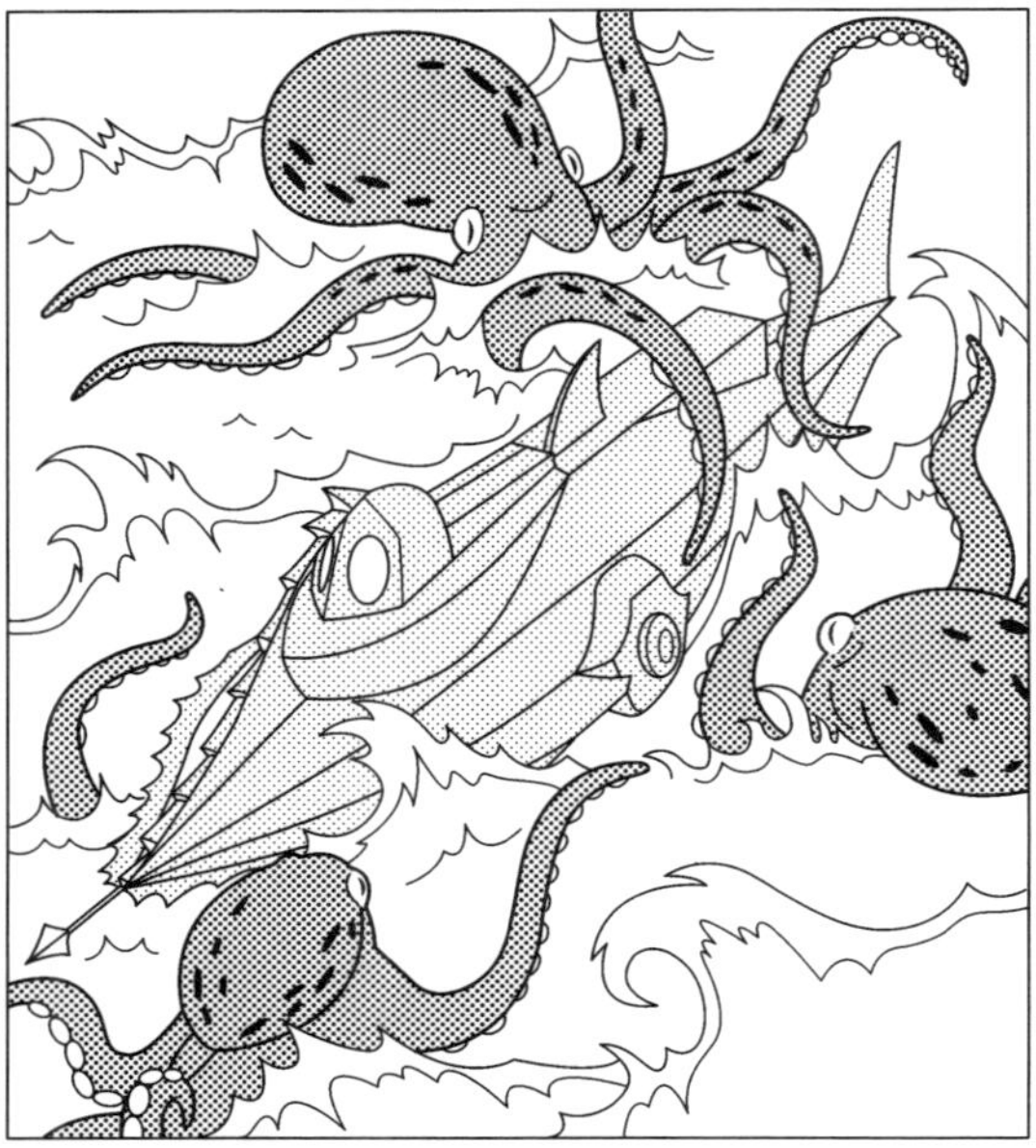

p64_2

p64_3

『海底二万マイル』のまちがい探しの答え

①捕まった人 ②腕の向き ③側面の形 ④波の形 ⑤先端部の長さ

p64_4

p64_2

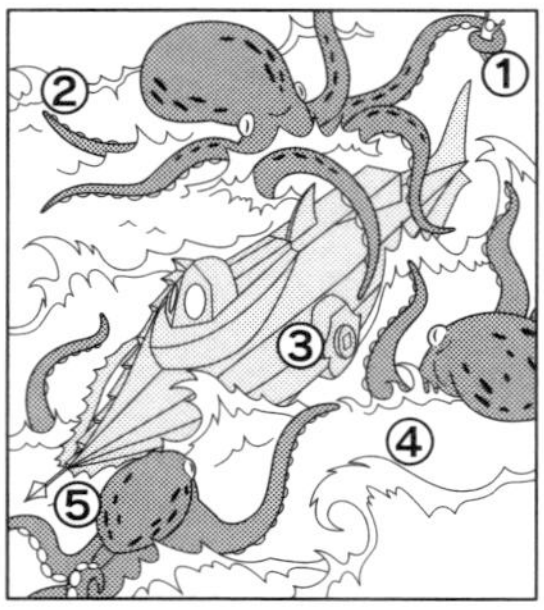

p64_5

『海底二万マイル』

ジュール・ベルヌ

舞台は一八六〇年代のヨーロッパ。世界中の海で巨大な怪物が船を沈める事件が続出します。フランスの海洋生物学者、アロンナクス教授と、もり打ち名人のネッドは最新型の軍艦に乗り込み、怪物を捕らえるための遠征に出発します。しかし軍艦は逆に怪物に襲撃され、教授たちは海に転落してしまいます。

教授たちを救ったのは、ネモと名乗る謎めいた男でした。実は怪物は巨大な潜水艦ノーチラス号で、彼はその艦長だったのです。捕虜となった教授たちはネモ艦長とともにノーチラス号で海中の旅に出発し、海底火山の噴火、サメの襲撃、深さ一万六〇〇〇メートルの深海など、驚くべき体験をするのでした。

ベルヌ（一八二八〜一九〇五）は一九世紀を代表するフランスの作家で、『月世界旅行』など、科学技術に焦点を当てた作品を描き、「SFの父」と呼ばれています。本作品でも蒸気機関が全盛の時代に、電力で動く潜水艦を考えた想像力と先進性が光ります。また、『十五少年漂流記』などの冒険小説の作者としても有名です。

p64_6／p64_2t

『奇岩城』
文学まちがい探し

下の２枚の絵の違いを５か所見つけてください

暗号を解き、ルパンの隠れがに到達した高校生探偵、ボートルレに、ルパンは手に入れた財宝の数々を見せてくれました。美術品の中には、なんとあの世界的名画もありました。

p65_1／p65_1t

p65_2

p65_3

『奇岩城』のまちがい探しの答え

①シルクハット ②手 ③首飾り
④片眼鏡 ⑤柱のブロック

p65_4

p65_2

p65_5

『奇岩城』
モーリス・ルブラン

今から七〇年余り前の六月に「史上最大の作戦」の舞台となったフランス、ノルマンディー。ここは、さらにその三五年前に発表された、ある冒険小説のゆかりの場所としても知られています。怪盗、アルセーヌ・ルパンシリーズの『奇岩城』がそれです。といっても、本作の主人公はルパンではなく、イジドール・ボートルレという高校生。物語はボートルレの視点で進んでいきます。

不可解な暗号。フランス歴代君主の莫大《ばくだい》な財宝。謎を追うボートルレの前に立ちふさがる大泥棒。さらにはイギリスの名探偵までもが登場、と、息もつかせぬ展開を見せるのが、一九〇九年発表のこの作品です。

ノルマンディーは、著者、ルブラン（一八六四〜一九四一）の生地であり、晩年を過ごした土地です。十代のころには自転車でよくこの地方を走り回っていたとか。そんな彼の姿は、作中のボートルレそのもの。そして若きルブランが目にした風景、建物は、余すところなく作品に生かされています。

p65_6／p65_2t

『九マイルは遠すぎる』
文学まちがい探し

下の２枚の絵の違いを５か所見つけてください

　下手な推論に基づく演説で嘲笑を浴びた私に、友人の大学教授ウェルトも皮肉を浴びせ、短文を作れと言います。

　その文章を利用して、正しい推論というものをしてみせようというのです。

p66_1／p66_1t

p66_2

p66_3

『九マイルは遠すぎる』のまちがい探しの答え

①つり下がった飾り ②額縁 ③ネクタイ ④レジのマーク ⑤コインの数

p66_4

p66_2

p66_5

『九マイルは遠すぎる』
ハリイ・ケメルマン

「九マイルもの道を歩くのは容易じゃない、ましてや雨の中となるとなおさらだ」

　これだけの文章から、どんな情報が引き出せるでしょうか。「ただの感想文じゃないか」と思った人は、本書の登場人物、ニコラス・ウェルト教授の推論に、ぜひ耳を傾けてください。

　いくつかの基本的な仮定（話し手が気まぐれではない、場所を特定するなど）を設定するだけで、話し手の状況を推理、事細かに解説し、あまつさえ実際の殺人事件の犯人にまでたどり着いてしまうのです。

　この典型的な安楽椅子探偵※を生み出したハリイ・ケメルマン（一九〇八〜一九九六）はボストン生まれ。主として教師をしながら執筆をしていました。

　本作は一九四七年、名のあるミステリ雑誌のコンテストに応募して入選した短編です。

　ウェルト教授ものは八つの短編があるのですが、一冊にまとまったのは二〇年後。著者にはほかにラビ（ユダヤ教律法学士）・スモールを主人公とした長編シリーズもあります。

※現場に行かず、思考のみで事件や出来事の詳細を推理する人物

p66_6／p66_2t

『トム・ソーヤーの冒険』
文学まちがい探し

下の２枚の絵の違いを５か所見つけてください

友人たちと洞窟を訪れていたトム。ガールフレンドのベッキーと一緒に鍾乳石《しょうにゅうせき》や地下湖を見物していましたが、二人は迷子になったことに気づきます。必死に助けを呼びますが、やがてろうそくも短くなってきて……。

p67_1／p67_1t

p67_2

p67_3

『トム・ソーヤーの冒険』のまちがい探しの答え

①コウモリ ②ろうそくの長さ ③リボンの色 ④鍾乳石《しょうにゅうせき》の位置 ⑤魚

p67_4

p67_2

p67_5

『トム・ソーヤーの冒険』
マーク・トウェイン

アメリカの片田舎、セントピーターズバーグで暮らす少年トム。退屈な塀塗りを悪知恵で友達にやらせたり、宝探しをしたり、都会から来た女の子に夢中になったりと、愉快な日々を送っていました。ある日、孤児のハックルベリーと墓場に忍び込んだら、なんと殺人事件を目撃。彼らがとった行動とは……。

行動力あふれるいたずら小僧の活躍を生き生きと描き、郷愁をさそう古き良き時代のアメリカの姿がよみがえる、マーク・トウェインの代表作です。愉快なエピソードの所々で、当時のアメリカ社会の道徳主義や教会の権威などに、作者がユーモアとともに皮肉な視線を送っていることも興味深いです。

マーク・トウェイン（一八三五〜一九一〇）はミズーリ州フロリダで生まれ、蒸気船パイロット見習いなど、様々な職業を経験しながら小説を執筆。『トム・ソーヤーの冒険』で一九世紀アメリカの国民作家となります。ほかに『王子と乞食《こじき》』、物語の続編である『ハックルベリー・フィンの冒険』などの作品があります。

p67_6／p67_2t

『夜間飛行』

文学まちがい探し

下の２枚の絵の違いを５か所見つけてください

20世紀の初頭、南米のパタゴニアからブエノスアイレスまでの危険な夜間飛行に挑むパイロットたち。使命の遂行と、人命の尊さの間で葛藤する姿は私たちに多くのことを問いかけてきます。

p68_1／p68_1t

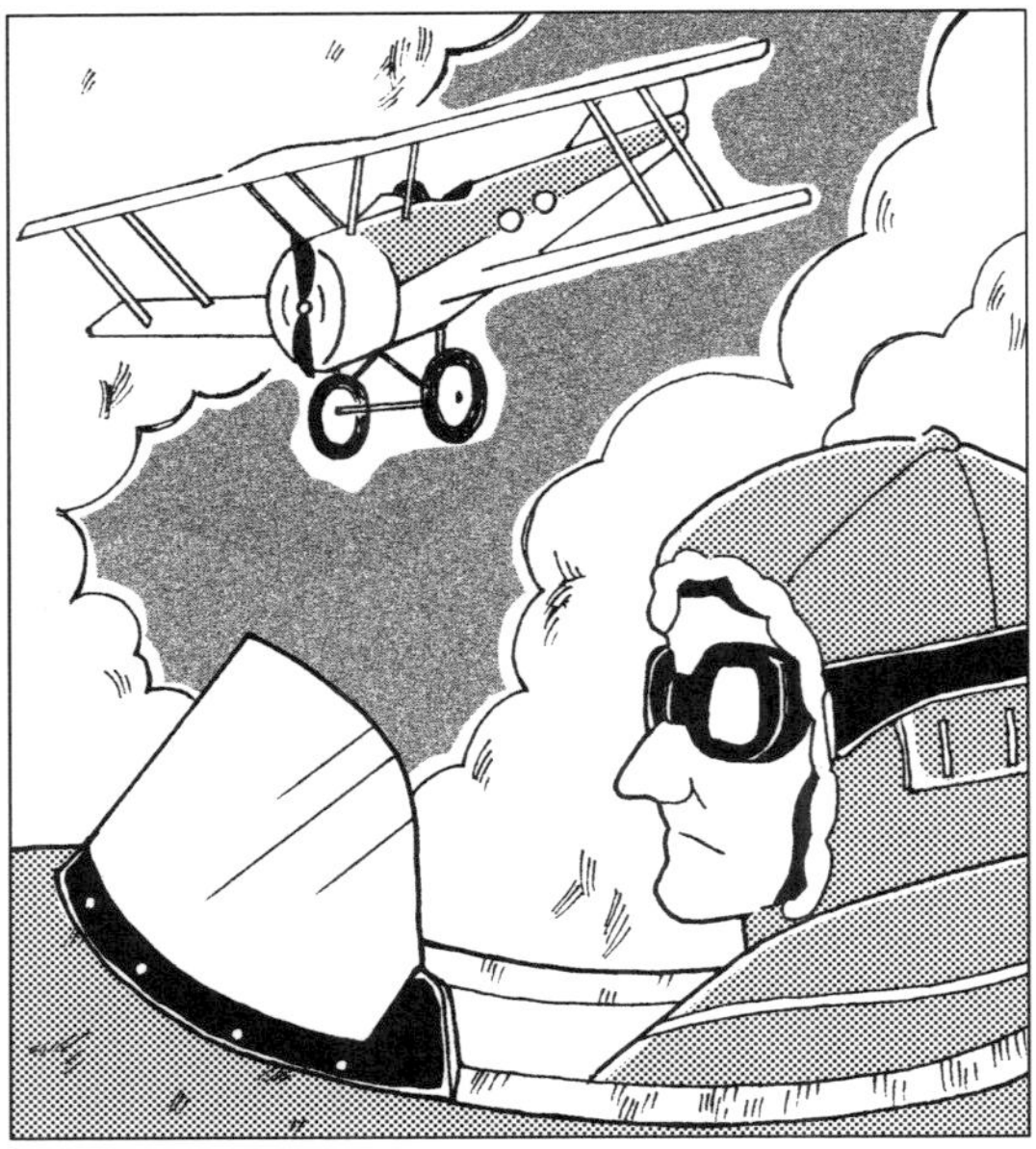

p68_2

p68_3

『夜間飛行』のまちがい探しの答え

①プロペラの向き ②雲の形 ③ゴーグルのバンド ④レンズの大きさ ⑤ねじの数

p68_4

p68_2

p68_5

『夜間飛行』

サン＝テグジュペリ

二〇世紀初頭の南米に、航空郵便に携わる人々がいました。当時の夜間飛行は事故もたびたび起こり、危険と隣り合わせでした。リヴィエールは、かつて一流のパイロットとして名をはせ、現在は地上で若いパイロットたちを厳しく指揮していました。ある日、ブエノスアイレスに向けてパタゴニアを出発したパイロット、ファビアンが飛行中に消息を絶ちます。対応に追われるリヴィエールのもとに何も知らないファビアンの妻から彼の無事を確かめる電話がかかってくるのでした。

著書のサン＝テグジュペリ（一九〇〇～一九四四）は『星の王子さま』の作者として知られていますが本書のように一般向けの小説も残しています。作風は大きく異なり、人間の尊厳やモラルをテーマとする作品が目立ちます。著者自身もパイロットとして活躍し、多くの作品がその経験から生まれました。第二次世界大戦ではフランス空軍の偵察部隊に所属していましたが、一九四四年七月に単機で出撃して帰らぬ人となっています。

p68_6／p68_2t

『われはロボット』
文学まちがい探し

下の２枚の絵の違いを５か所見つけてください

パウエルとドノヴァンはソーラー・ステーションで作業用ロボット、ＱＴ１号を組み立てました。ところが起動したロボットは、自分が「人につくられたもの」であることを頑強に否定します。

p69_1／p69_1t

p69_2

p69_3

『われはロボット』のまちがい探しの答え

①宇宙ステーション ②壁のスイッチ ③肩の飾り ④胸の星 ⑤部品の形

p69_4

p69_2

p69_5

『われはロボット』
アイザック・アシモフ

アシモフ（一九二〇～一九九二）は、ユダヤ系ロシア人として誕生し、三歳の時に家族とともにアメリカに移住。やがて一五歳でコロンビア大学に入学、一九歳で大学院に進学します。

これだけでも彼の頭脳の明晰《めいせき》さをうかがい知ることができますが、その間に作家デビューも果たしているのですから驚きです。

生涯で膨大な著作を世に送り出しましたが、少年時代から好きだったＳＦの分野での業績はひときわ大きなものです。

そんなＳＦ作品の一つ、『われはロボット』は一九五〇年刊行の連作短編集です。

冒頭には有名なロボット工学三原則（ロボットは「人に危害を加えない」、「前条に反しない限り人の命令に従う」、「この二つに反しない限り自己保全につとめる」）が掲げられています。

本書の九つのエピソードのうち八つは、こんな制限のもとで発生した事件や事故です。

その原因や解決法として登場人物が語る論理的な解説は、頭脳派アシモフの面目躍如といえるでしょう。

p69_6／p69_2t

『菊花の約《ちぎり》』
文学まちがい探し

下の２枚の絵の違いを５か所見つけてください

再会の約束の日、夜更けに現れた赤穴宗右衛《あかなそうえ》門《もん》はものも言わず、出された料理に箸もつけません。不審に思った丈部左門《はせべさもん》が問いただすと、宗右衛門は、自分は死霊となった身なのだと告白します。

p70_1／p70_1t

p70_2

p70_3

「菊花の約《ちぎり》」（雨月物語）
上田秋成

日本の幽霊話の中でも、上田秋成（一七三四～一八〇九）の『雨月物語』中の九編は古来人気を博してきました。

「菊花の約」もその一編で、中国の古典を翻案したものです。

清貧な学者、丈部左門《はせべさもん》は、病に倒れた旅人赤穴宗右衛門《あかなそうえもん》を看病し、全快した彼と学問の話で意気投合するようになります。

そして義兄弟の契りを交わすのですが、宗右衛門のほうは動乱の起きた故郷を心配し、一度様子を見てきたいと左門の家をたちました。

そして再会を約束した重陽《ちょうよう》の節句（九月九日）の夜更け。やってきた宗右衛門は、左門に対して自分はもはやこの世の者ではないと語ります……。

そもそもの左門の生き方、宗右衛門が霊魂となった理由、また、その告白を聞いたあとに左門がとった行動などは、現代日本では違和感を感じる人も多いのでは？　しかし、信義や理念に殉じるかたくなさに美を感じる読者が多かったからこそ、この作品は人気を集めてきたのだといえるでしょう。

p70_6／p70_2t

『菊花の約《ちぎり》』のまちがい探しの答え

①着物が左前 ②指の形 ③刀のつか ④とっくりの形 ⑤魚の骨

p70_4

p70_2

p70_5

『くだんのはは』
文学まちがい探し

下の２枚の絵の違いを５か所見つけてください

屋敷の２階から聞こえてきた女の子のすすり泣き、そして謎めいた血まみれの包帯。「決してのぞいてはいけません」と言われた部屋の障子の奥には、恐ろしくも悲しい秘密が隠されていました。

p71_1／p71_1t

p71_2

p71_3

『くだんのはは』のまちがい探しの答え

①かけ軸の長さ ②着物の柄 ③包帯のねじれ ④シャツのつぎ ⑤障子の穴

p71_4

p71_2

p71_5

『くだんのはは』
小松左京

戦争が敗色濃厚となってきた昭和二〇年六月、中学三年生の「僕」は空襲によって家を失い、ある屋敷で寝泊まりさせてもらうことになります。その屋敷は奇妙な静けさに満ちていて、戦時中なのに食べ物に困っている様子もありません。そして、空襲時も女主人は「この屋敷は大丈夫」と言います。不審を抱いた僕が屋敷の二階で見たものとは……。

太平洋戦争という時代を背景に、古来からある妖怪譚《ようかいたん》に新たな命を吹き込んだ傑作ホラー短編です。

小松左京（一九三一～二〇一一）は日本のＳＦをずっと牽《けん》引《いん》してきた重鎮で、星新一、筒井康隆とともにＳＦ御三家と呼ばれていました。

映画化された『日本沈没』など、人間の歴史や文明をテーマにした壮大な本格ＳＦで知られますが、その作風は幅広く歴史小説や大衆小説なども手がけ、博覧会のプロデューサーも務めました。また『復活の日』『静寂の通路』など、近年に起きた事件を予言するような作品も多く、その慧眼《けいがん》がうかがえます。

p71_6／p71_2t

『クリスマス・キャロル』
文学まちがい探し

下の２枚の絵の違いを５か所見つけてください

冷酷な守銭奴の老人スクルージ。クリスマスの前夜、スクルージの前に仕事仲間だったマーリーの亡霊が現れます。マーリーは金銭欲に取りつかれた人間の悲惨な末路を語り、スクルージのもとにこれから三人の精霊が現れると伝えます。

p72_1／p72_1t

p72_2

p72_3

『クリスマス・キャロル』のまちがい探しの答え

①帽子 ②火の向き ③本の色 ④コートのすそ ⑤絵の中の人

p72_4

p72_2

p72_5

『クリスマス・キャロル』
チャールズ・ディケンズ

クリスマスの季節におなじみの物語といえばこの作品。

仕事や金銭のことしか頭になく、頑固で冷酷な性格の主人公スクルージ。ちなみにこの名前は、英語で「守銭奴」を表す言葉にもなっています。

そんな煮ても焼いても食えないスクルージ老人が三人のクリスマスの精霊に導かれて、過去・現在・未来の自分の姿と対峙《たいじ》することに。精霊に案内されたスクルージが目にするクリスマスは、決してきらびやかなものではありません。貧しくも心の清い人々が迎えた聖なる日の喜びが生き生きと伝えられます。

ディケンズ（一八一二～一八七〇）は子ども時代を貧困の中で過ごした経験から、ほかの作品でも貧しい人々の姿を共感を込めて描き出しました。

町のイルミネーションやプレゼントといった華やかな部分にばかり目がいきがちなクリスマスシーズン。この作品は、家族や友人のことを思い、貧しい人と分かち合い、人々に感謝するという本来の「クリスマスの精神」に気づかせてくれます。

p72_6／p72_2t

『桜の森の満開の下』
文学まちがい探し

下の２枚の絵の違いを５か所見つけてください

愛する女と一緒に、住み慣れた山に帰ることにした男。山の中で女を背負い、初めて二人が出会った日のことを思い出します。幸せな気分になった男は、避けていた満開の桜の森の中を恐れずに歩いていきました。

p73_1／p73_1t

p73_2

p73_3

『桜の森の満開の下』のまちがい探しの答え

①女の顔 ②花びら ③女の手 ④きのこ ⑤男の足の向き

p73_4

p73_2

p73_5

『桜の森の満開の下』
坂口安吾

日本では、春になると桜の木の下で花見に興じる姿が風物詩になっています。しかし桜は、開花の短さや散り際から、人の命のはかなさなどにも例えられてきました。そんな桜と死のイメージを強く感じさせる物語が、坂口安吾（一九〇六〜一九五五）の『桜の森の満開の下』です。

昔、峠に住みついた山賊が主人公。怖いもの知らずの男でしたが、満開の桜の下を通ると気が狂うと信じていて、桜の森だけは怖がっていました。ある日、旅人を殺して美女を奪い女房にしたことで運命が一転。美しく残酷な女の虜《とりこ》になります。女の要求はエスカレートし、都へ出て言われるまま人殺しをくり返すように。やがて二人で山へ帰ることになり、満開の桜の森を通りぬけようとします。ふと振り返ると、背負っていた女が醜い鬼になっていて……。

作者の安吾はあるエッセイで、戦争の最中にも桜の花が咲いているのを見て、とても異様な気がして忘れられない、と述べています。桜と死は彼の中で離れがたいものだったのでしょう。

p73_6／p73_2t

『猿の手』
文学まちがい探し

下の２枚の絵の違いを５か所見つけてください

息子の無惨な死と引き換えに、願っていた200ポンドを手に入れた老夫婦。妻にせかされて、夫は猿の手に「息子を生き返らせて」と願います。その夜、誰かが家のドアをノックして……。

p74_1／p74_1t

p74_2

p74_3

『猿の手』のまちがい探しの答え

①照明 ②手 ③人影 ④髪型 ⑤ドアの模様

p74_4

p74_2

p74_5

『猿の手』
W・W・ジェイコブズ

超自然的な力に触れた主人公が三つの願いをかなえてもらう……。誰でも一度はそんな昔話を聞いたことがあるはずです。しかしイギリスの作家、ジェイコブズ（一八六三～一九四三）は、このモチーフをゾクリとするホラーに仕上げました。

ある老夫婦とその息子は、訪ねてきた夫の昔なじみの男から「猿の手」の話を聞きます。それはインドの行者が、三人の人間の三つの願いをかなえる、という力を付与した品でした。ただし、願った者は運命を変える報いとして災いも享受しなければなりません。さらに、現在の所有者である男は、それが実際に起こることだとほのめかします。

しかし、夫は強引に猿の手を譲り受けてしまいました。そして、家を買い取るための「二〇〇ポンド」を願った家族には、やはり恐ろしい出来事が……。

著者はロンドン生まれ。郵便貯金局に勤務しながら一八八五年に最初の短編集を刊行。ユーモラスな作品も多く発表しましたが、何より一九〇二年発表の本作品で知られています。

p74_6／p74_2t

『スペードの女王』
文学まちがい探し

下の２枚の絵の違いを５か所見つけてください

「３《トロイカ》、７《セミヨルカ》、１《トウズ》」。伯爵夫人の亡霊は、自分を死に追いやった青年士官のゲルマンの枕元に現れ、必ず勝てるカードの秘伝を伝えました。そして養女のリザヴェータと結婚するなら、自分を殺した罪を消してやると語るのでした。

p75_1／p75_1t

p75_2

p75_3

『スペードの女王』のまちがい探しの答え

①マークの向き ②窓の桟 ③ひもの長さ ④襟章 ⑤カードの種類

p75_4

p75_2

p75_5

『スペードの女王』
アレクサンドル・プーシキン

サンクトペテルブルクの若く貧しい工兵士官のゲルマンは、ある年老いた伯爵夫人が若いころに賭けかるた（トランプ）の秘策を授かったという話を聞きつけます。ゲルマンは伯爵夫人の養女のリザヴェータにあの手この手で近づいて、夫人の屋敷に入り込むことに成功。寝室の伯爵夫人に秘伝を教えてほしいと迫り、ついには拳銃で脅しつけます。すると老婆は驚きのあまり命を落としてしまいました。

伯爵夫人の葬儀ののち、ゲルマンのもとには亡霊が現れます。亡霊はリザヴェータとの結婚を条件に、秘伝を伝えたのですが……。

一九世紀ロシア帝国の首都ペテルブルクを舞台にしたこの物語では、毎夜トランプゲームに熱を上げる社交界を背景に、賭けに取りつかれた男の数奇で恐ろしい運命が描かれています。

作者のプーシキン（一七九九～一八三七）は詩人でもあります。ロシア貴族の家に生まれて華やかな社交生活を送り、自身も大のトランプ好きとして知られていました。

p75_6／p75_2t

『霧笛』

文学まちがい探し

下の２枚の絵の違いを５か所見つけてください

海から突き出した長い首、そしてそっくりな鳴き声……。灯台を見た恐竜は仲間であると思い込みます。体長30mを超える巨獣として描かれているこの恐竜は首長竜やアパトサウルスを連想させます。

p76_1／p76_1t

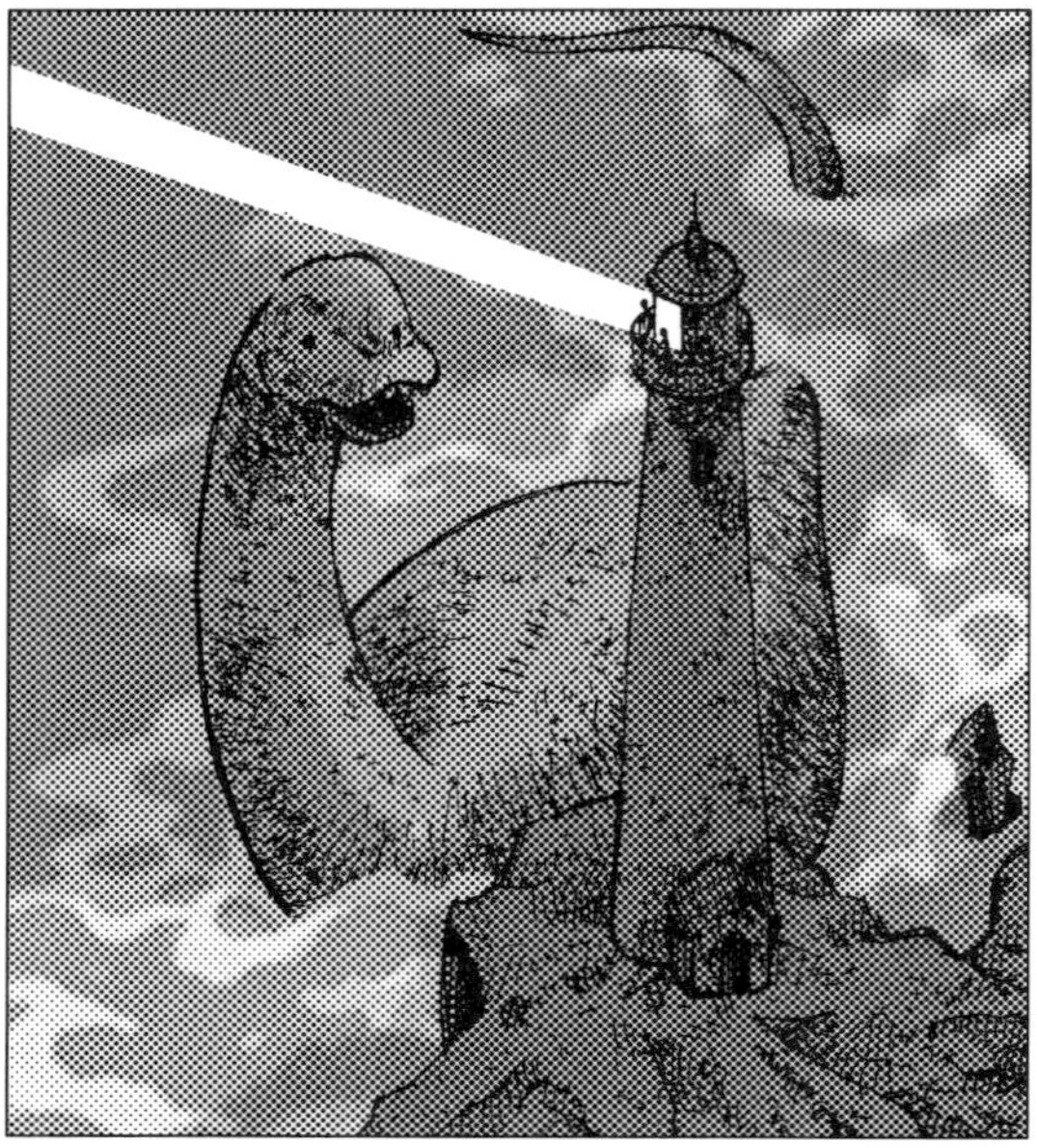

p76_2

p76_3

『霧笛』のまちがい探しの答え

①頭部 ②尻尾 ③窓の大きさ ④岸辺の形 ⑤潮の流れ

p76_4

p76_2

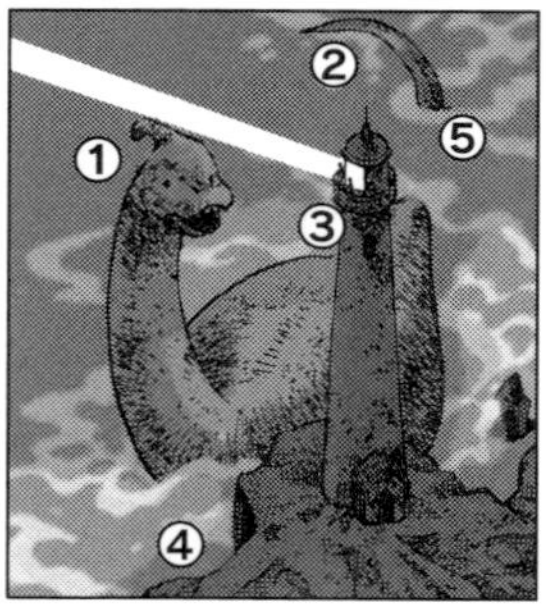

p76_5

『霧笛』

レイ・ブラッドベリ

レイ・ブラッドベリ（一九二〇～二〇一二）はアメリカのＳＦ作家で、執筆分野はＳＦのみならず幻想文学や怪奇小説など、多岐にわたります。どこか懐かしさを感じさせるストーリーと叙情に満ちた文章が作品の特徴で〝ＳＦの叙情詩人〟などと呼ばれることもあります。

代表作の長編『華氏四五一度』、短編集『火星年代記』『ウは宇宙船のウ』などは、ＳＦの古典として名高いものです。漫画化、映画化された作品も多くあり、日本のＳＦにも大きな影響を与えています。

短編『霧笛』では人里離れた寂しい土地にある灯台に、毎年海から巨大な恐竜がやってきます。地上最後の一匹であるこの恐竜は灯台が鳴らす霧笛を仲間が呼ぶ声だと思い、はるか遠くの海の底からやってきていたのです。しかし、ある時恐竜は灯台が仲間でないことに気づいてしまい、物語は悲劇的な結末を迎えます。恐竜の悲哀が幻想的なタッチで描かれ、ジャンルはＳＦですが、寓話《ぐうわ》とも童話ともとれる印象深い物語です。

p76_6／p76_2t

『夢十夜』
文学まちがい探し

下の２枚の絵の違いを５か所見つけてください

幻想的な話が多い『夢十夜』の中でもひときわ奇妙なストーリーが第十夜。パナマ帽をかぶった町内一の好男子の庄太郎は絶壁で豚の群れに追いつめられます。ステッキで豚の鼻面をたたいて抵抗しますが、豚は際限なく押し寄せます。

p77_1／p77_1t

p77_2

p77_3

『夢十夜』のまちがい探しの答え

①ステッキの向き ②目の形 ③尻尾 ④顔の向き ⑤鼻の穴の大きさ

p77_4

p77_2

p77_5

『夢十夜』
夏目漱石

「こんな夢を見た」という印象的な書き出しで始まる本作は非常に短い一〇の掌編で構成され、一九〇八年に朝日新聞に連載されました。

愛する女性の死と再生を百合の花に託して幻想的に描いた第一夜。背負って歩いていた息子がいつのまにか過去に自分が殺した男にすりかわって語りかけてくるという不気味な味わいの第三夜。明治の世になぜか鎌倉時代の仏師である運慶が仁王像を彫っていて、名工の技術に感心するという第六夜など、いずれも〝夢〟にふさわしい不思議なストーリーで、ユニークかつ奇妙な読後感が残ります。

夏目漱石（一八六七～一九一六）は日本を代表する文豪で、西欧文学と漢文の高い教養を身につけた明治の代表的な知識人です。

夏目漱石の代表作といえば、近代人の自我を鋭く見つめた長編『それから』『こころ』などですが、こうした味わい深い短編もいくつか残していて、文豪の意外な一面と、漱石の物語世界の幅広さを感じさせます。

p77_6／p77_2t

『あのころはフリードリヒがいた』
文学まちがい探し

下の２枚の絵の違いを５か所見つけてください

担任のノイドルフ先生は、ユダヤ人の苦難の歴史について説明してくれたあと、ユダヤ人学校に転校を強制されたフリードリヒを励ましました。それから終業の挨拶をしました。「ハイル　ヒトラー」と。

p78_1／p78_1t

p78_2

p78_3

『あのころはフリードリヒがいた』のまちがい探しの答え

①眼鏡 ②貼り紙 ③鉛筆がない ④かばんのひも ⑤髪型

p78_4

p78_2

p78_5

『あのころはフリードリヒがいた』
ハンス・ペーター・リヒター

著者リヒター（一九二五～一九九三）は、この作品で、社会や人の心がどす黒く変化していくさまを淡々と描き出しました。

一九三三年、著者とユダヤ人の友人、フリードリヒがともに八歳の時、ヒトラーのユダヤ人排斥政策が始まりました。

はじめのうちは市井の人の中にも、抗議の行動をとる者がいました。ところが政府が国民を組織化し、ユダヤ人への弾圧を強めていくと、ある者は積極的に、ある者は無意識に、そしてある者は仕方なく、国家の方針に身を委ねていきます。

著者の両親も良心的な人々でしたが、政府に表立って逆らうことはできません。家族ぐるみの付き合いだったフリードリヒの一家に、ひそかに忠告や援助をするのが精一杯でした。

そして物語の終盤。空襲の夜、フリードリヒが防空待避所に逃げてきます。入れてくれと懇願する彼に中の人は同情します。しかし、それでもなお、彼を追い払い、たった一人で死なせてしまうのです。彼がユダヤ人だという、それだけの理由で。

p78_6／p78_2t

『震災日記より』
文学まちがい探し

下の２枚の絵の違いを５か所見つけてください

1923年９月１日。寺田寅彦は、美術展の帰りに、喫茶店で画家の友人と紅茶を飲んでいました。友人の作品について話をしていると、突然、足の裏を木《き》槌《づち》でたたくような振動が……。

p79_1／p79_1t

p79_2

p79_3

『震災日記より』のまちがい探しの答え

①柱の模様 ②ボーイの口 ③窓の桟 ④髪型 ⑤ポット

p79_4

p79_2

p79_5

『震災日記より』
寺田寅彦

寺田寅彦（一八七八〜一九三五）は物理学者、随筆家、俳人などとして知られています。ことに身近な現象を科学的に、かつ平易に解き明かす文章に魅せられる人は少なくありません。

その寺田が、一九二三年に未曾有の大災害に遭遇しました。関東大震災です。

その前後数日の出来事、所感が『震災日記より』に簡潔にまとめられています。

書き始めは八月二四日から。日常の記載の中には前兆現象か、とも思われる記述もありますが、やがて九月一日がやってきます。

喫茶店で友人の画家と話している最中、寺田は突然の揺れに遭遇します。彼が常人と違うのは、そんな中でも揺れの変化を冷静に観察し、書き残したこと。さらに自宅に戻る途中の記述も、最後まで科学的です。聞こえてくる流言飛語もばっさり一刀両断しています。

記述は九月三日で終わっていますが、寺田がこの作品で示した落ち着いた姿勢は、災害の時代を生きる現代の我々にも大きな手本となるものです。

p79_6／p79_2t

『チャリング・クロス街84番地』 文学まちがい探し

下の２枚の絵の違いを５か所見つけてください

　ロンドンに行ったヘレーンの友人が、手紙で古書店マークス社を訪ねたと知らせてきました。古書店街にあるその店は、ディケンズの物語に登場するような古びた素敵な店だそうです。

p80_1／p80_1t

p80_2

p80_3

『チャリング・クロス街84番地』のまちがい探しの答え

①マフラー ②数字 ③真ん中の本
④落ち葉 ⑤右足と左足が逆

p80_4

p80_2

p80_5

『チャリング・クロス街84番地』
ヘレーン・ハンフ

　一九四九年一〇月、ロンドンのチャリング・クロス街八四番地にあった古書店マークス社に、ニューヨークの女性から手紙が届きました。「雑誌の広告で、貴社が絶版本を扱っていると知りました。リストを同封しますので、在庫があったらお送りくださいませんか?」

　マークス社からは、二冊の本とともに丁寧な文面の書簡が返送されました。二〇年にわたるアメリカ人ライター、ヘレーン・ハンフ（一九一六～一九九七）と古書店の主任、フランク・ドエル（一九〇八～一九六八）との交流の始まりでした。本書はその書簡集です。

　ヘレーンの手紙はユーモアに満ち、ときに辛辣《しんらつ》。一方ドエルの手紙は、英国的な謹厳さを保ちつつも温か。そして二人の間で交わされる「本」への愛情と共感。さらに、ヘレーンの手紙はドエルの周囲をも巻き込み、ほかの社員たちも交流に加わります。

　しかし、ドエルは一九六八年に急死。ヘレーンは生前の彼に会うことはできませんでした。

p80_6／p80_2t

『長恨歌』
文学まちがい探し

下の２枚の絵の違いを５か所見つけてください

軍乱の中、やむを得ず縊死《いし》させた寵姫《ちょうき》への思いに苛《さいな》まれる皇帝。亡き人の魂を探すと評判の道士がやとわれ、海上の楼閣で彼女を見つけます。彼女は、道士に懐かしい皇帝との思い出を語るのでした。

p81_1／p81_1t

p81_2

p81_3

『長恨歌』のまちがい探しの答え

①柳の枝 ②ハス ③髪飾り ④柵 ⑤魚

p81_4

p81_2

p81_5

『長恨歌』

白居易

百二〇句に及ぶ長編の漢詩、『長恨歌』。漢の時代に擬されていますが、モデルは唐の皇帝玄宗と楊《よう》貴妃。史実を踏まえつつも、二人の姿はひたすら美しく悲しく描かれ、日本の文学にも大きな影響を与えました。作者は中唐の詩人、白居易(字《あざな》：楽天七七二～八四六)です。

長年美女を求めていた皇帝がようやく得たのが楊家の娘。皇帝は彼女を寵愛《ちょうあい》するあまり、政治を忘れ、彼女の血縁を引き立てます。果然、反乱が勃発。皇帝以下は都から脱出します。しかし、旗下の軍が背きました。皇帝は進むことを拒否する軍をなだめるため、寵姫《ちょうき》の命を絶つ決断を迫られ……。

白居易は現在の河南省の生まれ。刻苦勉励して役人となり、家柄のわりには栄達しました。皮肉にも『長恨歌』に描かれた安史の乱（七五五～七六三）後の政治改革で、才能ある者には高官への道が開けたのです。

『長恨歌』は三〇代半ばの時の作。叙情的な内容ですが、作者本人は意外に硬派。若いうちは政治批判の詩も多く作りました。

p81_6／p81_2t

『二十四の瞳』

文学まちがい探し

下の２枚の絵の違いを５か所見つけてください

新しい女先生をどうやってからかおうか、学校への道すがらささやき合う子どもたちのかたわらを、「おはよう！」というさわやかな声とともに自転車に乗った先生が通り過ぎていきました。

p82_1／p82_1t

p82_2

p82_3

『二十四の瞳』のまちがい探しの答え

①チョウ ②靴 ③指先 ④もぐら ⑤船

p82_4

p82_2

p82_5

『二十四の瞳』

壺井栄

昭和三（一九二八）年といえば、二月に第一回普通選挙実施、五月に改正治安維持法公布という年です。この二つの歴史的な出来事の合間の四月、瀬戸内の海辺の分教場に、一人の女先生が赴任してきました。『二十四の瞳』のオープニングです。

物語はこの大石久子という女性を、終戦の翌年まで断続的に追い続けます。

作者の壺井栄（一八九九〜一九六七）は、高等小学校を卒業後、郵便局や役場などに勤めたのちに上京。一九三八年に作家デビューしました。『二十四の瞳』には、作者や同時代の一般の人々が遭遇した様々な苦難が織り込まれています。

貧しさ、拡大する戦争、そして情報操作と厳しい思想統制。大石先生と心を通わせたかつての一年生、一二人の子どもたちも、戦後の再会の席に出られたのは七人だけ。うち一人は戦傷で失明しています。

大石先生と子どもたちがくぐった一八年間がどんな時代だったのか……。年表を横に再読してもよいかもしれません。

p82_6／p82_2t

『ハツカネズミと人間』
文学まちがい探し

下の２枚の絵の違いを５か所見つけてください

ずっと二人で生きてきたジョージとレニー。ジョージは「お前がいなければ俺はもっといい生活ができる」とレニーを責めることもありますが、見捨てることはできません。二人は幼いころからの絆《きずな》で結ばれていました。

p83_1／p83_1t

p83_2

p83_3

『ハツカネズミと人間』のまちがい探しの答え

①胸ポケットの位置 ②タンポポ ③屋根の高さ ④垣根の切れ目 ⑤雲の位置

p83_4

p83_2

p83_5

『ハツカネズミと人間』
ジョン・スタインベック

舞台は大不況の嵐が吹き荒れる一九三〇年代のアメリカ、カリフォルニア。ある農場に二人の渡り労働者がやってきます。小柄で賢いジョージ、力の強い大男ですが知的障害があるレニー。レニーは根は善良ですが、力の加減がわからず、しばしばトラブルを起こしてしまいます。

二人には、いつか土地を買って自分たちの農場を持つという夢がありました。二人に同調する人物も現れ、その夢は前進したように思えます。しかしレニーが思いがけず大きな罪を犯してしまい、物語は悲劇で幕を閉じるのでした。

スタインベック（一九〇二〜一九六八）はアメリカの作家です。海洋生物学を学んだあと、農場や工事現場などで働くという経歴を持ち、農民や労働者の姿を力強く描きました。六二年にはノーベル文学賞も受賞しています。同じ大恐慌時代のアメリカを舞台にした『怒りの葡萄《ぶどう》』はピュリッツァー賞を受賞し、ベストセラーとなりました。ほかに『エデンの東』『赤い小馬』などの作品があります。

p83_6／p83_2t

『平家物語』
文学まちがい探し

下の２枚の絵の違いを５か所見つけてください

屋島の戦いでの休戦時、竿《さお》の先の扇を射てみよ、と平家は源氏を挑発します。これに応じたのが那須与一で、射ち損じた時は切腹する覚悟で挑み「南無八幡大《はちまんだい》菩薩《ぼさつ》」と神仏に祈り、見事扇を射抜きます。平家物語中で屈指の名シーンです。

p84_1／p84_1t

p84_2

p84_3

『平家物語』のまちがい探しの答え

①弓の大きさ ②馬の手綱 ③波 ④扇の色 ⑤矢の数

p84_4

p84_2

p84_5

『平家物語』

作者不詳

「祇園精舎の鐘の音、諸行無常の響きあり……」という有名な語り口で始まる代表的な軍記物語。鎌倉時代に成立し、平安貴族の没落とともに台頭した武士階級の平家が栄華を極めるさまからその没落までを描きます。琵琶《びわ》法師が琵琶の演奏に合わせて語る「平曲」という形式をとっているのが特徴です。

第一部は平清盛を主人公として平家が興隆し、そして衰微してゆく様子を、第二部は源氏に追われる平家一門を木曾義仲を中心に描きます。第三部は義仲の敗北から始まり、壇ノ浦の合戦を経て、平家が滅亡してゆくまでが描かれます。

その冒頭に象徴されるとおり物語は仏教の無常観に貫かれていて、平家との戦いで華々しく活躍する源義経も戦後は兄の頼朝との確執で失脚して舞台から姿を消します。また、メインの人物だけではなく、幼くして入水した安徳天皇や義仲を支える女武者の巴御前などの姿も伝えられ、時代に翻弄されながらも懸命に生きる人々の群像ドラマもみどころです。

p84_6／p84_2t

『北《ほく》槎《さ》聞《ぶん》略《りゃく》』

文学まちがい探し

下の２枚の絵の違いを５か所見つけてください

ようやく帰国が決まった光太夫。一方、苦難をともにしてきたのに帰国できない仲間もいました。病気でやむなくロシア正教に入信したためです。光太夫はそんな仲間に別れを告げに行きます。そして……。

p85_1／p85_1t

p85_2

p85_3

『北《ほく》槎《さ》聞《ぶん》略《りゃく》』のまちがい探しの答え

①髪のリボン ②雲の位置 ③塔の数 ④葉の向き ⑤服のひも

p85_4

p85_2

p85_5

『北《ほく》槎《さ》聞《ぶん》略《りゃく》』

大黒屋光太夫《こうだゆう》／桂川甫周《ほしゅう》

鎖国下の江戸時代、ロシアをめぐった大黒屋光太夫（一七五一〜一八二八）。その肉声がうかがえる資料があります。それが『北槎聞略』です。

伊勢の回船の船頭だった光太夫は、三一歳の時、乗っていた船が暴風に遭遇、乗組員とともに七か月の間漂流します。そしてアリューシャン列島のアムチトカ島に漂着。それから九年もの間、ロシアの地をさまようことになりました。

『北槎聞略』は光太夫の帰国後、将軍への報告書として蘭学者桂川甫周（一七五一〜一八〇九）が光太夫に聞き取りを行い、まとめたものです。

光太夫が口述し、甫周の西洋知識が補足、修正をしたこの報告書は、蘭学発展に大きく貢献するものとなりました。

史料としての重要性が高い一方、光太夫の人となり、「情」の深さが感じられる部分がそこここに散見されます。特に、放浪の間に次々に訪れる仲間との別れの場面は、読む者の胸に迫ります。ノンフィクションの古典として読むこともできる作品です。

p85_6／p85_2t

『嵐が丘』
文学まちがい探し

下の２枚の絵の違いを５か所見つけてください

　アーンショウ家のキャサリンと引き取られてきた孤児、ヒースクリフ。キャサリンの結婚後、二人の間にはかつての愛情のほかに深い憎悪も育ってきました。その激情は、心身を病んだキャサリンに死期が近づいても衰えません。

p86_1／p86_1t

p86_2

p86_3

『嵐が丘』のまちがい探しの答え

①鳥 ②ベッドのつくり ③スカートの長さ ④髪の形 ⑤靴の向き

p86_4

p86_2

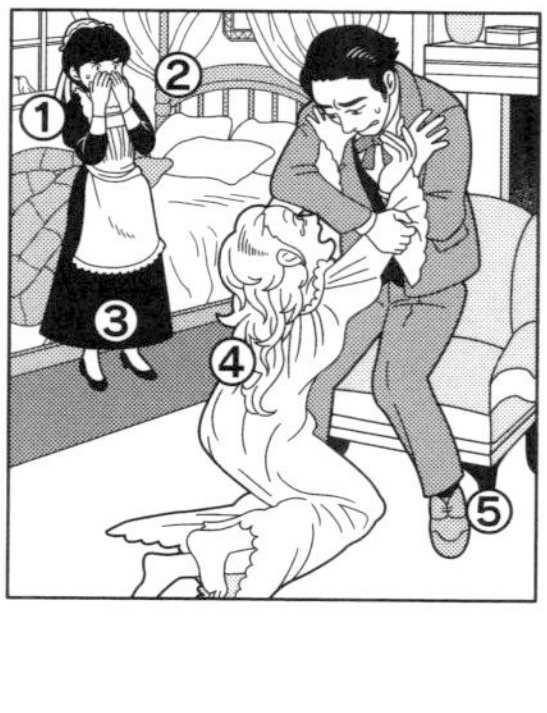

p86_5

『嵐が丘』
エミリー・ブロンテ

　イングランド、ヨークシャーには、ヒースと呼ばれる荒れ地が広がる場所があります。エミリー・ブロンテ（一八一八～一八四八）はそんな荒れ地を舞台に、生涯ただ一作の長編小説を書き残しました。

　都会の青年ロックウッドは、荒野に屋敷を借りることにしました。屋敷の持ち主は、「嵐が丘」という館に住む男。館を訪ねると、そこには家主ヒースクリフをはじめ奇妙な人々が住んでいました。無愛想な若い女性、下男なのか家族なのかわからない若い男、使用人にもかかわらず口の悪い老人……。

　彼らのとげとげしい人間関係に興味を持った青年は、借りた屋敷を切り盛りする家政婦から、長く続く荒々しい愛憎の物語を聞き出すのでした……。

　エミリー・ブロンテは学問のための短い期間以外は、家庭から出たことはありませんでした。それにもかかわらず、紡がれた物語は読む人を圧倒します。

　発表当初は酷評された本作は、著者の没後、高い評価を得るようになりました。

p86_6／p86_2t

『伊勢物語』
文学まちがい探し

下の２枚の絵の違いを５か所見つけてください

長年の求愛のすえ、意中の姫を盗み出した男。芥川《あくたがわ》という川のほとりで連れてきた姫が無邪気に問います。「あれは何？　白珠？」姫が指さすのは草におりて光る露でした。

p87_1／p87_1t

p87_2

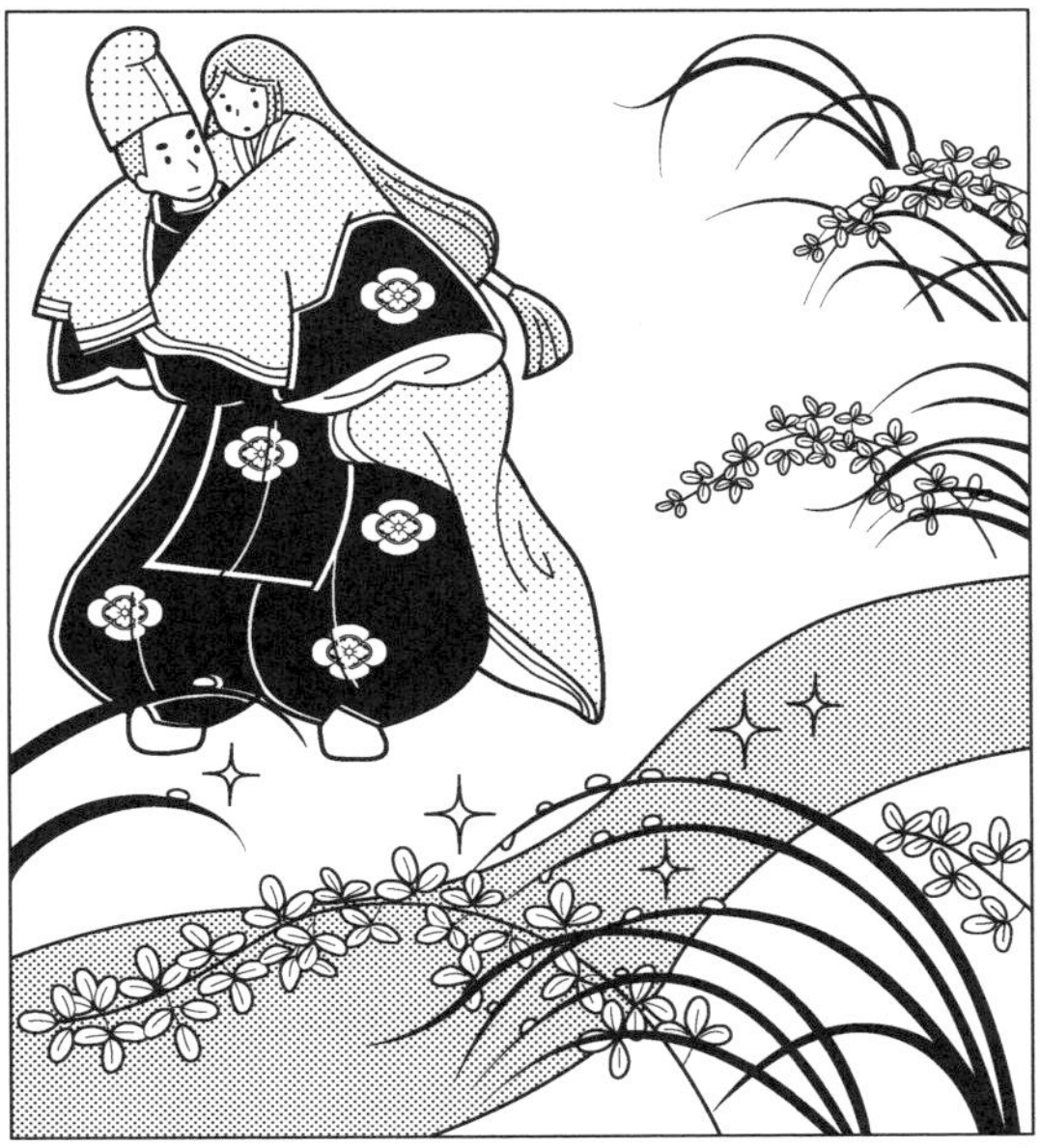

p87_3

『伊勢物語』のまちがい探しの答え

①髪型 ②葉の数 ③着物の柄 ④露の数 ⑤葉の向き

p87_4

p87_2

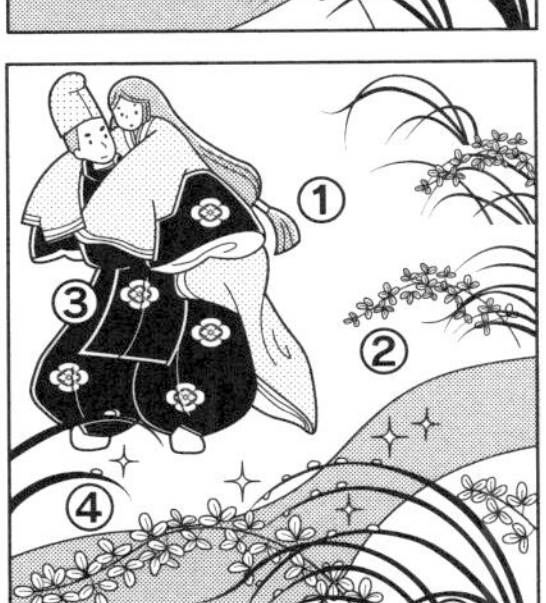

p87_5

『伊勢物語』

作者不詳

長年にわたって深窓の姫に恋をしていた男が、とうとうある晩、姫を盗み出します。

芥川《あくたがわ》のそばにさしかかった時、姫は初めて見る草の露を指して「あれは何？」と問いかけます。

男には姫の問いに答える余裕はありません。ひたすら先を急ぎます。しかし夜もふけ、雷雨にまで襲われて、やむを得ず荒れ果てた蔵に姫を隠すことにしました。

男は武装して戸口に見張りに立ちます。悲劇はその間に起こりました。蔵の中には鬼がひそんでいたのです……。

在原業平（八二五～八八〇）と思われる男の一代記を中心に編まれた『伊勢物語』。この日本最古の歌物語の成立は一〇世紀半ばです。

作中には数々の名場面があり、この「芥川」の段もその一つ。姫を背負って夜道を急ぐ男の姿は、昔から多くの芸術家によって描かれてきました。

本文ではこのあと、夜明けに惨劇に気づいて地団太を踏む男、さらにこの物語に仮託された真実が語られます。

p87_6／p87_2t

『風立ちぬ』
文学まちがい探し

下の２枚の絵の違いを５か所見つけてください

高原で出会った「私」と節子は、夏の終わりをともに過ごします。絵を描く節子のそばで、「私」は白樺《しらかば》の木陰に身を横たえながら「風立ちぬ、いざ生きめやも」とヴァレリーの詩句を口ずさむのでした。

p88_1／p88_1t

p88_2

p88_3

『風立ちぬ』のまちがい探しの答え

①うさぎ ②手の位置 ③帽子の飾り
④イーゼルの足の長さ ⑤白樺《しらかば》の表皮

p88_4

p88_2

p88_5

『風立ちぬ』
堀辰雄

夏の終わりに高原で出会った「私」と節子。「私」は節子のことを「お前」と呼びかけ、節子が絵を描くのを白樺《しらかば》の木陰から眺めながら、詩句を口ずさむ穏やかな時間を過ごします。

それから二年後、二人は婚約しますが、節子は結核が悪化。節子ほどではないものの、同じ病を患う「私」は、転地療養をする彼女に付き添い、八ヶ岳山麓にあるサナトリウムに滞在します。「私」は節子に忍び寄る死に不安を感じながら、二人の時間を慈しみ、彼女との日々を小説に書こうとします。

作者が自身の体験をもとに執筆した作品。今ではあまり聞かれなくなった結核療養所のサナトリウムを舞台に、病身の婚約者に流れる時間への恐れと、死を意識したことで感じる静かな幸せを叙情的に描き出します。

堀辰雄（一九〇四〜一九五三）は本作や『美しい村』などの作品で純化された詩的な世界を描き出しました。病を患いながら執筆する一方で、福永武彦や中村真一郎といった後進を指導する面倒見の良い一面もありました。

p88_6／p88_2t

『たけくらべ』

文学まちがい探し

下の２枚の絵の違いを５か所見つけてください

霜が降りた朝、美登利は玄関の格子戸に誰かが挿した水仙を見つけます。彼女はなぜか懐かしい気持ちになり、清らかだけれどどこか寂しげなその花を眺めるのでした。無垢《むく》な子ども時代への別れと追憶が象徴的に描かれたラストシーンです。

p89_1／p89_1t

p89_2

p89_3

『たけくらべ』のまちがい探しの答え

①犬 ②花の数 ③葉っぱの形 ④格子の形 ⑤着物の花柄

p89_4

p89_2

p89_5

『たけくらべ』

樋口一葉

主人公の美登利は遊郭で知られる吉原の近辺の町に暮らす勝ち気な少女で、お寺の息子である信如に淡い思いを抱いています。お互いに意識するあまり、誤解やすれ違いが続く初恋がういういしく描かれます。しかし、いつまでも続くと思われた子ども時代はいつしか過ぎ去り、美登利は遊女になり、信如も寺を継ぐために仏門に入り、二人の道は離れてゆきます。

本作は擬古文で書かれていて一文が非常に長く難しく思えます。しかし慣れてくると流れるようなリズムでつづられた文章に日本語本来の美しさがあることに気づきます。その魅力は音読してみるとよくわかるでしょう。

樋口一葉（一八七二～一八九六）は一四歳で歌塾に入りその才を見いだされ、流行作家の半井《なからい》桃《とう》水《すい》に師事して小説『闇桜』で文壇デビューします。スキャンダルで桃水のもとを離れた後『にごりえ』『十三夜』など、名作を次々に発表しました。一葉はお札の肖像画でも知られますが、晩年は貧困に悩まされ、結核でわずか二四歳で早世しました。

p89_6／p89_2t

『トリスタンとイゾルデ』
文学まちがい探し

下の２枚の絵の違いを５か所見つけてください

マルク王の妃《きさき》となるために連れてこられた王女イゾルデと、王の甥《おい》であるトリスタンは、船の上で誤って媚薬《びやく》を飲み交わし、恋に落ちてしまいます。『トリスタンとイゾルデ』は中世ヨーロッパに広く伝えられた恋物語です。

p90_1／p90_1t

p90_2

p90_3

『トリスタンとイゾルデ』のまちがい探しの答え

①杯の形 ②床板 ③剣の先 ④ロープの有無 ⑤布の柄

p90_4

p90_2

p90_5

『トリスタンとイゾルデ』
中世ヨーロッパの伝説

コーンウォール（イングランド南西端）を治めるマルク王の甥《おい》である青年トリスタンは、武芸や音楽に優れた勇敢な騎士でした。トリスタンは、隣国アイルランドを悩ます強暴な竜を退治したことで、アイルランドの王女イゾルデを勝ち得て、マルク王の妃《きさき》として連れ帰ることになります。しかし、コーンウォールに向かう船の中、誤って媚《び》薬《やく》を飲み交わしてしまったトリスタンとイゾルデは恋に落ちてしまいました。許されぬ永遠の愛に結びつけられた二人を、幾多の苦難が待ち受けます。

ケルトに起源を持つこの悲恋伝説は、フランスの宮廷詩人によって語り継がれて伝播《でんぱ》し、一三世紀初めにドイツ人のゴットフリートによって叙事詩にまとめられました。一九世紀のフランス人学者ベティエはこの叙事詩やほかの異本を散文の形に編纂《へんさん》させ、『トリスタン・イズー物語』としてまとめました。

「悲しみ」という意味の名を持つ騎士トリスタンは、中世のアーサー王伝説にも登場しており、ヨーロッパではなじみ深い存在です。

p90_6／p90_2t

『曾根崎心中』

文学まちがい探し

下の２枚の絵の違いを５か所見つけてください

「この世の名残り、夜も名残り……」と語られる近松門左衛門作『曾根崎心中』天神森の段。愛と誇りのために追いつめられた醤油屋《しょうゆや》の手代徳兵衛と遊女お初は覚悟を決めました。二人は真夜中に、死に向かって歩を進めます。

p91_1／p91_1t

p91_2

p91_3

『曾根崎心中』のまちがい探しの答え

①かんざし ②着物のあわせ ③まげ ④着物の柄 ⑤指の位置

p91_4

p91_2

p91_5

『曾根崎心中』

近松門左衛門

元禄一六年四月（旧暦）、大坂梅田である心中事件が起きました。遊女と商家の手代が曾根崎の露天神の境内で死んだのです。そのわずかひと月後、道頓堀《どうとんぼり》の竹本座で人形浄瑠璃《じょうるり》『曾根崎心中』の初日が開きました。先の心中事件をモデルにしたこの演目は、当時の人々を熱狂させ、危なかった竹本座の経営を安定させたといわれています。

著者は近松門左衛門。彼はこの作品で、それまでの華々しい英雄物語とは異なった、市井の出来事が題材の「世話物」というジャンルを開きました。

近松は、本名杉森平馬信盛（一六五三〜一七二四）。出生地には諸説ありますが、武家の出身で父親の浪人によって京都に移りました。ここで公家勤めをしたともいわれています。どのような経緯かは不明ですが、芝居の世界に入った近松は、はじめは浄瑠璃作者として世に出、途中から歌舞伎狂言作者に転じて、その後再び浄瑠璃の世界に戻りました。

現在その墓は兵庫県と大阪府の二か所にあります。

p91_6／p91_2t

『はつ恋』
文学まちがい探し

下の２枚の絵の違いを５か所見つけてください

　ある日、庭先でジナイーダの姿を見つけた「わたし」。呼ばれてそばに行くと、青ざめた彼女は沈んだ様子。やがて言葉を交わすうちに「わたし」は気づきました。彼女は恋をしているのだ、と。

p92_1／p92_1t

p92_2

p92_3

『はつ恋』のまちがい探しの答え

①窓 ②リボン ③首飾り ④バラの花 ⑤スカーフの色

p92_4

p92_2

p92_5

『はつ恋』

イワン・セルゲーエヴィチ・ツルゲーネフ

ツルゲーネフ（一八一八～一八八三）の父親は、由緒ある家系ながら懐は苦しい家の出。一方母親は広大な領地と多くの農奴を抱える財産家。若くハンサムな父親と年上の母親との結婚は、打算に基づくものでした。当然二人の間には、いさかいが絶えません。『はつ恋』の主人公の家は、こうした著者の家庭そのものでした。

　両親と「わたし」がある地主屋敷を借りて移り住んだのは一八三三年の五月。やがて屋敷の離れの一棟に、経済的に困窮した公爵夫人とその娘ジナイーダが引っ越してきます。

　ジナイーダはいつも男性を侍《はべ》らせ、気ままに振る舞う魅力的な娘。もちろん、一六歳の「わたし」もすっかり彼女の虜《とりこ》です。

　ところが、あるとき、彼女の行動に変化が生まれました。「わたし」は気づきます。ジナイーダは恋をしている！　でも誰に？　恋情に執着するジナイーダは、後にさらに意外な姿を見せます。偶然、それを目撃した「わたし」は、恋というものの本当の凄《すさ》まじさを初めて理解するのでした。

p92_6／p92_2t

『ロミオとジュリエット』
文学まちがい探し

下の２枚の絵の違いを５か所見つけてください

ロミオは、敵対関係にある家の舞踏会に仮面をつけて紛れ込みました。やがて、一人の乙女の美しさにひきつけられます。ロミオは彼女に近寄って手を取り、話しかけました。彼女が、この家の一人娘とは知らずに……。

p93_1／p93_1t

p93_2

p93_3

『ロミオとジュリエット』のまちがい探しの答え

①ろうそくの数 ②髪につけた花 ③腰の剣 ④頭のつや ⑤ひげの形

p93_4

p93_2

p93_5

『ロミオとジュリエット』
ウィリアム・シェークスピア

世に数ある悲恋の物語で、特に名が知られている作品でしょう。舞台は一四世紀、イタリアの都市ヴェローナ。敵同士の家に生まれたロミオとジュリエットは、知らずに恋に落ちてしまいます。二人はひそかに結婚しますが、ロミオはある罪を犯し、町から追放されることに。一方、ジュリエットは、両親から別の男性との結婚を命じられます。愛を貫こうとする二人ですが、次々と行き違いが生じて、最後に悲しい結末を迎えます。

イギリスを代表する劇作家、詩人のウィリアム・シェークスピア（一五六四〜一六一六）による戯曲。登場人物たちの言葉のかけ合いが楽しく、恋する二人の会話は恋愛詩のデュエットのようです。「おお、ロミオ、ロミオ、どうしてあなたはロミオなの」など、名ぜりふも盛りだくさん。運命に翻弄される悲劇のヒロイン、ジュリエットはまだ一三歳！

昔の時代の設定とはいえ、少しは身近に感じるのではないでしょうか。障害があればあるほど燃え上がる、恋の純粋さ、痛ましさが伝わる作品です。

p93_6／p93_2t

索引

本編イラスト：井元ひろい、小野寺ハルカ、櫻井敦子、佐々木歩美、中村光宏
カバーデザイン：岩佐卓哉

学校図書館 お話・文学間違い探し素材集 CD-ROM付き

2018年5月1日　初版第1刷発行
編　集　少年写真新聞社
発行人　松本恒
発行所　株式会社　少年写真新聞社
〒102-8232　東京都千代田区九段南4-7-16
市ヶ谷KTビルI
TEL　03-3264-2624　FAX　03-5276-7785
URL　http://www.schoolpress.co.jp/
印刷所　図書印刷 株式会社

ISBN978-4-87981-635-1　C3000　NDC017

編集：菅田成美、田島小姫子　イラストカット：井元ひろい　DTP：服部智也　校正：石井理抄子　編集長：藤田千聡